智造未来

董明珠

GREE

王妍◎著

中国经济出版社
CHINA ECONOMIC PUBLISHING HOUSE
北 京

图书在版编目（CIP）数据

智造未来董明珠 / 王妍著.

—北京：中国经济出版社，2020.6

ISBN 978-7-5136-5982-6

Ⅰ. ①智… Ⅱ. ①王… Ⅲ. ①董明珠 —传记 Ⅳ. ① K825.38

中国版本图书馆 CIP 数据核字（2019）第 281264 号

责任编辑　严　莉

责任印制　马小宾

封面设计　久品轩工作室

出版发行　中国经济出版社

印 刷 者　北京艾普海德印刷有限公司

经 销 者　各地新华书店

开　　本　710mm × 1000mm　1/16

印　　张　14.25

字　　数　186 千字

版　　次　2020 年 6 月第 1 版

印　　次　2020 年 6 月第 1 次

定　　价　58.00 元

广告经营许可证　京西工商广字第 8179 号

中国经济出版社　**网址** www. economyph. com　**社址** 北京市东城区安定门外大街 58 号　**邮编** 100011

本版图书如存在印装质量问题，请与本社销售中心联系调换（联系电话：010-57512564）

序言
PREFACE

她的传奇独一无二

她，36 岁南下打工，从最基层的业务员做起，一路逆袭，成为“全球 50 名最具影响力商界女强人”之一。

她，霸道强势，走过的路，被人称为“连草都不会生长”。

她，绝交国美，角力苏宁，对赌小米，带领格力电器，在强手如林的空调行业中脱颖而出，连续 18 年稳坐中国空调业老大位置。

她，无视潜规则，敢于起诉某地财政部门在招标中的不当作为。

她，以倔强营销闻名于商界，号称“我永远是对的”，是令对手惊惧的商界铁娘子。

她，以诚信为合作基础，坚持正和博弈，要“和所有人一起走下去，让合作方服气，也放心”。

她，坚持企业的自主创新，要用中国品牌来讲中国梦，让世界爱上中国造。

她，奉行铁腕管理，坚信水至清亦有鱼，决不接受任何灰色地带，抵制一切潜规则。

她，只言片语，就总能引得整个行业甚至整个商界震动。

她，也是一位爱美女性，霸道背后不缺柔情的一面，是众多现代女性的楷模。

她，用自己的人生经历给了我们最好的忠告，她的故事，值得我们用心聆听。

……

她是谁？答案应该在很多人心中已经呼之欲出，是的，她就是格力电器董事长董明珠，一个独一无二的传奇女性。

提起董明珠，竞争对手们是这样形容她的："她走过的路，寸草不生。"可见这位铁娘子的厉害之处。

格力内部的员工这样评价自己的女上司："说话铿锵有力，做事雷厉风行，即便不化妆，她也比实际年龄看起来年轻许多。"

她的一位朋友感叹说，董明珠为格力付出了太多，比民营企业家对自己企业的付出还多。"她已经这么成功了，还经常出差，一有时间就去看市场，我们自己做老板都做不到那么敬业。"董明珠几乎没什么属于自己的私人时间，见人就推销格力，句句离不开格力。

媒体则说："这个女子，虽然36岁前的人生平淡无奇，但36岁后的她，却用自己的坚忍和执着走出了一条别人无法复制的路。"

1990年，36岁的董明珠孤身一人南下打工，进入格力电器，从一名基层业务员做起。起初，不知营销究竟为何物的她凭着自己的坚持不懈，40天追讨回前任留下的42万元债款，令当时的格力总经理朱江洪刮目相看，成为营销界的经典。此后，她再接再厉，创下了一个又一个营销纪录，稳居格力销售冠军宝座，相继成为格力营销部部长、格力电器总经理、格力电器董事长兼总裁，逐渐成为格力的顶梁柱，正像她自己说的那样："我从来没有想过要放弃，只要这件事是我该做的，我就会去做。”

1994年，董明珠在格力首创“淡季贴息返利”模式；1996年，首创“年终返利”模式；1997年，又独创了以资产为纽带、以品牌为旗帜的区域性销售公司模式；进入21世纪后，格力稳健发展渠道建设，在全球开设了2000多家格力专卖店。董明珠这些创新的营销模式，为格力空调在行业内奠定了领袖地位。

从踏入格力大门的那一天起，董明珠就如同一名踏入战场的战士，不断为格力“攻城略地”，战胜敌人。在格力空调面临着骨干销售人员集体跳槽的时候，她毅然决然地选择留下，并迅速稳定住局面；在各地分公司变乱，开始威胁到格力的利益时，她当仁不让，力挽狂澜；在格力空调出现销售困境时，她一次次挺身而出，扭转局面；在大卖场以渠道相威胁，试图“绑架”格力时，她突破营销壁垒，在各地建立专卖店，规范市场，形成大名鼎鼎的“格力模式”。

二十多年的时间里，董明珠一心扑在格力的经营上，她对格力几乎是倾其所有，包括自己的家庭，她带领着格力从不知名的空调小厂做到如今全球排名第一的空调制造商，在格力内部几乎成了神一样的存在，真正成为中国制造业的“明珠”，大放异彩。董明珠执掌下的格力空调，连续六年营收额破千亿元大关，每年还在以200亿元的速度增长，净利润高达数百亿元，每年给国家上缴的税收100多亿元。在空调市场占有率上，格力牢牢占据着半壁江山，销售额一度是其他国内空调品牌的总和。早在2015年，格力就挺进了美国《福布斯》杂志发布的“全球上市公司500强”，并摘取了《福布斯》家用电器类榜单的全球桂冠。2019年，格力首次进入《财富》世界500强排行榜，位列第414位。

至于董明珠本人，更是获奖无数，如“中国十大营销人物”“CCTV中国年度经济人物”“中国最杰出商业女性”“亚洲权势女性”“全球最具影响力的50名商业女强人”“全球十大商业女性领袖”“杰出社会企业家”“2019十大品牌年度人物”……毫不夸张地说，在中国乃至世界商业女性中，董明珠就是一个独一无二的传奇。

那么，是什么成就了这样的董明珠和她所带领的格力呢？这正是本书将要全力破解的谜题。

本书以商传的写作方式，真实再现了董明珠的传奇之路，完整地呈现了一个女性企业家的心路历程，力图向读者展现出一个全面的、立体的、鲜活的董明珠形象。书中资料翔实，披露了很多关于董明珠、关于格力、关于中国制造业的大事件。我们由衷地希望所有读者，通过阅读董明珠的经历和感悟，启发自己的思考，从书中获益，最终像董明珠一样，创造出属于自己的、独一无二的传奇人生。

目录

CONTENTS

PART 1

行棋无悔，从“卒”到“车”的商海淬炼

第 1 章　**36 岁，开启另一种人生　/ 003**

中年遇变故，更激起不安分的心　/ 004

36 岁，她从基层业务员做起　/ 008

初入商场，她先交够了“学费”　/ 012

一个人的三大战役　/ 015

决战南京，坐稳格力销售冠军宝座　/ 018

第 2 章　她走过的路，寸草不生——霸道女总裁的“野蛮”成长史　/ 023

临危受命，接手格力营销权杖　/ 024
营销模式的演进：发展和依托区域大户　/ 028
规范市场，“格力模式”的诞生　/ 031
淮地起风波：她要走的路，注定不会平静　/ 036
改制，两个格力的“打架风波”　/ 040
卸任格力集团董事长背后的真相　/ 044

PART 2

掌控营销大局，引领中国制造

第 3 章　倔强营销，“我永远是对的”　/ 049

不屑于价格战，用心做好产品才是最佳营销　/ 050
规范行为，勇做行业标杆　/ 053
请“首富”出镜代言，一场双赢的营销策划　/ 056
话题营销，把自己打造成舆论焦点　/ 060

第 4 章　用中国品牌来讲中国梦，让世界爱上中国造　/ 063

加强品牌意识，品牌是营销的助推器　/ 064
过冬，靠的是品牌的自主创新　/ 068
广告为品牌服务　/ 073
铺就国际化之路，让世界爱上中国造　/ 076

第 5 章　**坚守“工匠精神”，践行“技术创新”和“专业化”　/ 081**

心中有“工匠精神”，产品才能够成功　/ 082

踏踏实实做事的“工匠精神”　/ 085

给自己“挑刺”，对产品追求完美　/ 089

绝不要拿消费者当试验品　/ 094

埋头做事，绝不投机　/ 097

PART 3

经营之道：不断去挑战，才能勇往直前

第 6 章　**和谐都是竞争出来的——董明珠的“暴力”美学　/ 103**

斗争，斗争，所有的和谐都是斗争出来的　/ 104

在强手如林的空调行业脱颖而出　/ 107

绝交国美：不轻易妥协，能活得更好　/ 111

四处出击：不怕对手多，对手是最好的发展动力　/ 117

状告政府采购，输也不能不明不白　/ 122

第 7 章　**坚持正和博弈，和所有人一起走下去　/ 125**

正和博弈：建立新的游戏规则，和所有人一起走下去　/ 126

自建平台，厂商合作离不开好的平台　/ 131

跨界合作，高调联手京东商城　/ 134

诚信是完美合作的基础　/ 137

完美搭档：董明珠与朱江洪　/ 140

第 8 章　**不惧挑战，走专业的多元化之路　/ 145**

坚持走专业化的发展道路　/ 146

盯上智能家居，挑战与机遇并存　/ 149

押注新能源，一波三折的“造车梦”　/ 153

投资 500 亿元，搞芯片研发　/ 158

格力多元化之本：坚持自主创新　/ 160

PART 4

双面董明珠，霸道总裁也不乏柔情的一面

第 9 章　**铁腕管理：管理不狠，企业不稳　/ 167**

管理只有一种，就是制度　/ 168

不接受任何灰色地带，水至清亦有鱼　/ 171

老总管小事，大事给副总们去管　/ 175

用人之道：忠诚 + 放手用　/ 178

优质的人才梯队是格力最大的财富　/ 182

第 10 章 **“霸道”女总裁，柔情有谁“懂” / 185**

是霸道总裁，亦是爱美女性 / 186

工作中没有柔情，但生活中有 / 190

大爱无疆，永远不忘社会责任感 / 193

儿子是她休憩的心灵港湾 / 196

附 录 / **201**

董明珠语录 / 202

2017 年中国企业领袖年会上的演讲：相信未来 / 205

2018 年正和岛新年论坛暨新年家宴上的演讲：没有过不去的风险，诚信最重要 / 211

PART 1

行棋无悔，从“卒”到“车”的商海淬炼

生活就是这样，总会有乌云遮眼的时候，但也总会有云开雾散的一天。而越是单纯的东西，越是需要一个人付出百倍的努力去捍卫它，把一种单纯的信念贯穿于发展中往往需要付出并不简单的代价。但是，只要你坚持按自己的理想走下去，就一定会有成功的那一天。

——董明珠

第 1 章

36 岁，开启另一种人生

从一个小小的业务员到整个格力电器甚至中国商界的焦点力量，董明珠创下了辉煌的传奇人生，其霸气、朴重、不服输的精神更是成为商界典范。然而，这背后的艰辛与付出，又有几人得知。

中年遇变故，更激起不安分的心

提起董明珠，大多数人首先都会想起“霸道”一词，并对她的传奇人生赞叹不已。

1954 年，董明珠出生于古城南京，家境普通，兄弟姐妹 7 人，她是最小的。儿时的董明珠和现在的她有着很大的差距，是典型的南方女孩子的性格，腼腆，听话，别人说什么，她都不会否定，“好啊”“没问题”是小董明珠的口头禅，完全没有现在的霸道。

幼时的董明珠烂漫天真，和大多数同龄的小女孩一样，充满幻想，最大的梦想就是当兵或者当老师。回忆起儿时的梦想，她这样说：“小的时候就特别想帮助人，特别想当老师，觉得当老师多好啊；长大后想当军人，这个职业需要保护别人，觉得特别崇高和伟大。”

对于自己性格的形成，董明珠认为和从小的家庭环境息息相关。

因为父母都是那种不计较和善良的人。如果没有这样的家庭，也很难培养出不计较的人。由于家里孩子比较多，母亲总是最忙活的一个，而如果家里有一顿很好的晚餐，大家最不会动筷子的菜往往是最好吃的菜，而剩菜剩饭总是兄弟姐妹争抢的目标。

在这种环境下，董明珠很早就懂得了付出与奉献。而董明珠的母亲也是影响她最深的人，她鼓励孩子独立思考，即使最重要的升学考试也不干预女儿的决定，并且在董明珠考上好学校的第一天给她买了一双白球鞋。“你知道那个时代是没有人鼓励孩子穿白色鞋子的，因为有忌讳，只有我那天穿了一双白鞋，所以，我到现在还记得。”对此，董明珠仍然记忆深刻。

董明珠上初中的时候不爱游泳，因为她觉得穿泳衣太暴露，非常不好意思。她后来回忆说：“辅导员给我讲了很多大道理。我一赌气，就跟着一帮曾经横渡长江的人去游泳。他们下水后各顾各的，我一下子就沉了下去。当时我深刻体会到，水不深原来也能淹死人。”不会游泳的董明珠在水中拼命挣扎，幸亏岸边有人看见，把她救了上来。董明珠不好意思地笑着说：“当时我紧紧抓着救我的人，怎么都不放手。”

这次溺水不仅没有吓退董明珠，反而激发了她的斗志，第二天她就去游泳池继续学游泳。对自己这种迎难而上的倔强性格，董明珠评价说：“真正的勇气在于你直面弱点并战胜它，我知道我的坚强是在骨子里的。”

理想是丰满的，现实是骨感的。当老师和当兵的梦想，董明珠都没实现，甚至可以说，20 世纪 80 年代之前，董明珠的人生和我们大多数普通人一样平淡无奇：1975 年，毕业于安徽省芜湖干部教育学院统计学专业，之后进入南京化工研究所做行政管理工作，以干部的身份嫁人生子，工作和生活都很稳定。

1984 年，儿子尚在襁褓之时，董明珠的家庭遭遇重大变故，她的丈夫因病去世，这一不幸让她的人生从此开始了戏剧化的转折。董明珠回忆说：“如果不是这件事，我不会走现在这条路。如果他在，也不会同意我来珠海。”

一般来说，那些传奇的创业者身上，总带有一种不安分的特质，就像那首众多创业者耳熟能详的歌曲《在路上》中所唱的："在路上，只为一颗不安分的心。"董明珠也是如此，稳定的生活并不是她骨子里所追求的，只是幸福的家庭生活和稳定的生活环境麻痹了她。在家庭遭遇变故后，她那颗不安分的心逐渐苏醒，加之当时正是商业大潮涌动之时，于是，在经过认真思考后，在1990年，董明珠果断地辞去了南京的工作，将儿子暂时交给他的奶奶照看，自己南下深圳打工，想等到初步稳定下来，再接儿子过去。

我们不可能指望一个放任自己随波逐流的人有什么大的作为，因为他们往往是安于现状的。即使他们知道自己体内还有许多潜力可挖，也还是以各种各样的方式白白浪费生命，面对停滞不前的现状，他们依然能不为所动、安之若素。也许，他们总会有这样或那样的成就或收获，但永远只能被眼前的小小成就蒙蔽双眼，而不知人生还有更多伟大的目标等着去实现。就这样甘于平淡地生活，他们体内曾潜藏的潜能也将因为长久的弃之不用而逐渐荒废、消亡。只有那些不满足于现状，渴望着不断进步，时刻希望攀登上更高层次并愿意为此挖掘自身全部潜能的人，才有希望达到成功的巅峰。在这方面，董明珠无疑是一个很好的榜样。

刚到深圳的时候，董明珠是先从自己的老本行做起的——在深圳一家化工企业做管理工作。长达十余年的政府相关部门工作经历使董明珠在新的工作岗位上很快上手，而且驾轻就熟。重要的是，当时董明珠每月拿的工资要比自己在南京时高出一倍之多，而亲身体会和目睹着特区涌动出的一股股商业与改革激流，使她越来越觉得辞职南下的选择是十分正确的。

然而，随着对深圳的进一步了解，董明珠却又有些迷惑了，她开始重新审视自己的选择。董明珠发现，深圳的氛围更适合那些性格圆润之人，而自己则是一个性格刚直、只讲原则的人，根本没有办法融入其中。面对着周围频繁变动的人和事，董明珠开始思考是否应该换一个工作环境。

没多久，一个偶然的机会，董明珠到珠海帮朋友办事。一到珠海，她就喜欢上了这座城市，感觉珠海比深圳宁静、开阔，留在珠海可能会比在深圳更有前途。于是，在经过一番衡量后，董明珠最终决定留在珠海，而她的命运也就此发生了决定性的改变。不要诧异人生的改变如此容易，有时候就是这样，一次机会，一次改变，你抓住了，你可能就赢了。人生，很多时候就是如此，有偶然，就有其必然。

回过头来看，一个已过中年的女性，抛家离子外出打拼，干出了一番轰轰烈烈的事业，着实让人佩服。但她何以会有如此的决心甚至说“狠心”呢？其中的原因，外人实在难以猜透，好在她本人给出了自己的答案：

我与其他女人不一样，从小就想做点事业。有人说，当一个女人的快乐只有在事业中寻找时，内心一定充满了人们难以想象的孤寂和苍凉。但我不这样认为，只有生活没有工作，人生就没有价值。

或许，这个答案并不具有绝对说服力，但我们至少能看到，董明珠的确是一个非同一般的现代女性。

36 岁，她从基层业务员做起

决定留在珠海后，董明珠很快应聘到了格力电器，成为一名最基层的业务员。

销售，对当时的董明珠来说，无疑是一个十分陌生的词汇。她既不了解生意场上的人和事，也不了解电器市场，只知道做业务，公关能力要强，尤其是要能喝酒。但她天性就不喜欢喝酒，也不想学这个坏毛病。那如何做好销售工作呢？一切，她都得重新探索。

当时的空调销售业有句行话，叫“不赌不嫖，不做空调”。就是在这样一个充斥着种种潜规则、私下交易的空调市场，董明珠完成了从基层业务员到珠海格力总部市场部部长、副总经理、总经理、董事长的逆袭。

作为女人的董明珠，在当时的时代和行业背景下，相较于众多男性，看似只有先天劣势，如没法陪经销商、客户“吃喝玩乐”，更没有办法总是按照各个经销商的要求给予相应的利润回报等。

回顾当时的社会背景，我国正处于计划经济向市场经济转型阶段，在这个过程中，很多新的行业诞生了，销售就是其中之一。对于许多人来讲，这是一个巨大的挑战，但同时也是一个难得的机会。对于这份挑战巨大的新工作，董明珠没有丝毫畏惧，在她看来，一双新的鞋子，只有穿过了才知道适不适合自己。一份新的工作也是如此，只有努力尝试过了，才知道自己能不能做。

不过，当时的她恐怕不会想到，这份工作竟将她的后半生和格力电器牢牢地拴在了一起，从此，她再也没有离开过格力。

当时的格力电器规模并不大，历史并不久，牌子也不响，只是一家年生产能力约 2 万台的国营空调厂。而且，当时格力搞的是组装，年销售额只有 2000 万 ~ 3000 万元，业务员只有 20 多名。也就是说，每人每年要完成 100 万元的销售任务。厂里规定，业务员卖 100 万元提成 2 万元，工资、差旅费、请客送礼等费用全包含在内。所以，当时格力的业务员都只有一个心思：把东西卖出去。

但这又谈何容易，并不是每个人都是推销之神乔·吉拉德，也不是每个人都能把梳子卖给和尚、把斧子卖给总统。当时，格力的实力并不像现在这么强，空调也只是一个季节性的产品，受消费能力的影响，人们用得更多的还是电风扇。20 世纪 90 年代初，空调的主要用户是社会集团，其中以机关、工矿企业和第三产业为主，占 70% 以上，其次是医疗卫生、科教文等单位。对于普通百姓来说，空调属于高档次的奢侈品，空调真正开始平民化，还是从 1993 年才开始的。

不过，董明珠在经过分析后，认定这个行业将来一定大有前途。所以，虽然只是基层的业务员，但她却依然充满信心，发誓要创出一片新天地。

考虑到董明珠新来，对业务不熟悉，厂里就让她先跟一名老业务员跑一段时间，熟悉业务，主要跑的是北京和东北市场。

第一次跑业务，董明珠就遭遇了巨大的挑战，身心都遭受到了极大的折磨。这要是放在一般女性身上，可能就放弃了，可董明珠却咬牙挺了下来。事情到底是怎么回事呢?

原来，董明珠跟的那名老业务员因为临时有急事先去了天津，厂里就安排她一个人坐火车去天津。

当时是 7 月，正值酷夏，天气本来就热，坐在没有空调的火车上，就像是坐在一个蒸笼里。另外，因为胃口不好，董明珠在火车上又没吃什么东西，身体很快就出了问题，整个人昏昏沉沉的。一下火车，接她的同事一看，估计她是中暑了，于是赶紧就把她送到了一个有空调的宾馆休息。在宾馆填写住宿信息时，董明珠连笔都握不住，还是让同事代写的，她想先去旁边的沙发坐下来休息一会儿，结果却不幸地摔了一跤。被扶进宾馆房间的她，病得都忘了身上的痛，一沾床，很快就睡着了。这一觉，董明珠一直睡到第二天天亮，醒过来的时候，才感到被摔的地方有一种火辣辣的疼痛。

两个同事见她走路一瘸一拐的，就关切地劝说，让她先在宾馆休息两天，随后再赶去北京与他们汇合。身体虽然痛得厉害，但倔强的董明珠摇了摇头，这是她第一次出来跑业务，岂能被一点小痛拖后腿。

当时，北京有个制冷展示厅，是专门做空调的，董明珠和同事就先在那里待了两天。

这家展示厅的品牌很多，国内外的知名品牌几乎都有，这种规模的展会在当时是很少见的，所以这里的经理也很自负，格力的老业务员和他谈了很长时间，希望对方能多签点单子，对方却故意摆架子，说："你们格力的产品虽然一般般，但只要放在我们的展示厅里，准能给你们卖出去，就放这里代销吧。"当时的空调市场，商家尤其是大型商场占主导地位，这位经理的态度虽然令人生厌，但说的也不算太夸张。

到了第三天，董明珠跟随老业务员到了沈阳。因为摔伤的地方还是很痛，同事就带着她去医院看了下，结果一拍片，竟然十分严重——骨裂！医生建议她卧床休息，可这个季节正是空调销售的旺季，董明珠根本没有心思休息。怎么办呢？到了这个时候，董明珠也顾不得节省了，坐火车就坐卧铺，以保证足够好的休息。

就是在这样的情况下，董明珠跟着那名老业务员跑了半年市场，这半年里，她不但做成了 300 多万元的生意，还熟悉了安装空调的房间面积、所处位置、窗口大小，应配置多大功率、什么型号的空调，还有空调使用和维护等方面的有关知识。更重要的是，销售对这时的她来说，已经不算是一个完全陌生的东西了。而之所以有这么多的收获，都源于她的努力和毅力，也源于她好强而不服输的性格。

就在董明珠的销售工作渐入佳境的时候，珠海总部突然有了新的安排，派她一个人去接手安徽市场。

终于要一个人面对市场了，董明珠紧张的同时，又十分兴奋。作为一名业务员，独挑大梁是必须要走的一条路，不可能永远跟在别人后面，即所谓“师傅领进门，修行在个人”。那么，在安徽市场，董明珠又会遭遇哪些挑战呢？

初入商场，她先交够了“学费”

20 世纪 90 年代初，格力在安徽的市场可以说是一个烂摊子，深陷于各种债务纠纷中。董明珠被调到安徽后，首先要负责的事情就是追讨一笔 42 万元的货款。欠债的电子公司在合肥并不是一家小企业，也颇有些知名度，但对方的经理却是一个商场老赖，之前，很多厂家的业务员都在他身上吃过亏。对此，董明珠也听同事说过，但她却无所畏惧，只抱有一个信念：欠债还钱，天经地义，一定要把这笔账要回来。

到合肥后，董明珠先找了一家旅馆安顿下来。在认真思考一番后，董明珠决定采用开门见山的方式，直接去找这位经理要账，因为如果见不到经理本人，一切方法都不会有实质性的用处。

来到这家公司，董明珠很顺利地见到了那位经理，可接下来事情就变得很困难了。经理接过董明珠递过来的名片，瞄了一眼后，直接打断了正在自我介绍的董明珠，不耐烦地说道：“你是格力的？之前怎么没见过你呀？我跟你们的业务员打交道可不少。”

董明珠强忍心里的不满，微笑着说：“之前的业务员调走了，我是新接手的，以后还望多多指教。”

然后，董明珠说明了来意。对方一听要账，立马开始找尽借口抵赖，说什么他代销人家上千万元的产品也没有人要账，什么格力的货不好卖之类，总之就是一副要钱没门的丑陋面目。更可恶的是，对方连让一个坐、倒一杯水的起码礼貌都没有，任凭董明珠费尽口舌，对方都无动于衷。最后，对方以要开一个重要会议为借口打发了董明珠。

虽然开局不顺，不过，倔强的董明珠并没有放弃，此后的一段时间，她几乎天天去找这位经理。这位经理开始几天还会见面应付一下，最后干脆避而不见。这一招对于别的业务员或许有用，但却没有那么容易让董明珠放弃，她就认准了一个理儿：讨债本就是持久战，看的就是谁更有韧劲儿。你不是躲吗？但躲了和尚躲不了庙，我就天天去守，不信你永远不在公司露面。

功夫不负有心人，在多次无功而返后，这位经理终于被堵在了办公室。看着尴尬的经理，董明珠开玩笑地说："您可真是贵人事多，简直比国务院总理还忙，最近是不是又到哪去开会了？您知道最近我找了您多少次吗？"对方干笑了两声："你辛苦了，辛苦了。"董明珠马上进入正题："我辛苦点没有关系，只要您能帮我结清那笔货款，就都值得了，那笔钱对您来说可能是九牛一毛，可我们厂子很多职工还等着它吃饭呢。"对方一看这次实在难以推托，便又生一计，装作痛快的样子说道："行，这样吧，你们再给我发 50 万元的货，我就马上把以前的货款全部结清。"

听了这话，董明珠心里咯噔一下，知道对方又开始耍赖了，而且很富有技巧性。如果答应对方的要求，董明珠的业务量就上去了，个人提成就高了，自己会从中受益。但是，从厂子的角度来讲，不但欠账没要回来，反而还会多几十万元的账。

怎么办呢？让厂子蒙受损失，董明珠自然不愿意，盘算了一下，她决定欲擒故纵。董明珠向对方提出要求，只要先结清以前的账，她就立马联系厂子发货。对方也不是傻子，自然不答应，两人来来回回，又陷入互相扯皮之中。最后，董明珠改变了计划，用委婉的语气说道："可以先发货，但贵方至少要让我看一下我们之前的货还剩多少。"之所以这样说，董明珠是打定了主意，既然货款难以要回，那至少要把货追回来。

就这样，围绕这一点，董明珠又开始不厌其烦地找这位经理，经理被磨得没办法，就答应了，但就是这一点，他也是拖拖拉拉，很不干脆。

最后，董明珠决定采取雷霆行动，既然对方已经答应了她，那拿回货就是合理合法的。于是，在一天早上，她雇了一辆载重 5 吨的东风车，直接开到了这家公司的货仓，经理一看这阵势，知道没有办法再推托，就没有再耍花样，让人打开货仓门，放董明珠进去拿货。

在装够足以抵得上那 42 万元欠账的货后，董明珠坐在东风车的副驾上，让司机发动了车子。车子发动的那一刻，她不由得泪流满面。为了这笔债，董明珠足足讨要了 40 天，受尽了委屈和艰辛，这一刻，她不由得将一切释放了出来，从车窗探出头，对着那位经理大喊道："从今以后，再也不和你做生意了。"

当然，从结果来看，董明珠这次与对手的较量是胜利的，这也给了她充分的自信：做销售，自己是一块料。此外，通过这件事情，董明珠还树立了先款后货、绝不赊账的销售规则，后来，这条规则也成为格力在业内独树一帜的销售特色。

一个人的三大战役

在安徽市场，要回欠账只是董明珠的第一个任务，珠海总部交给她的最重要的任务还是格力电器在安徽的市场开拓。为此，董明珠花了一个月时间考察市场，跑遍了合肥、淮南、芜湖、铜陵、安庆等安徽省的主要城市，并选准了突破口，打了几场决定性的胜仗，让格力电器真正在安徽市场站稳了脚跟，让自己树立的先款后货、绝不赊账的销售规则得到了执行，也让自己在格力内部迅速成为一个传奇人物。

董明珠在安徽打的第一仗是在淮南市场，这一仗打得十分辛苦，她先是一家接一家地去游说商家，但每次都是无功而返，主要问题就在于她所去的商家都要求代销。董明珠不信这个邪，她冷静思考后，觉得不能盲目跑下去，要找到愿意接受先款后货的商家，就必须找到突破口，先做成功一个商家。而且，她还认真反思了自己以往的做法，检讨了自己的一些不好的表现。

在做好思想准备后，董明珠又踏进了一个商家，或许是上天不负苦心人，这一次她碰到了一位女经理，且长得挺面善。在一番诚恳的沟通后，董明珠说服了这位女经理，对方答应先款后货，先进 20 万元的货试试，看下销售情况。

董明珠拿着 20 万元的支票，心里激动不已的同时又充满感动，她暗下决心，绝对不能让这位大姐失望，不能像别的业务员一样，签单后就撒手不管。此后，她把这个商家当作了自己的家，几乎每天都来，站在对方的立场分析市场，为其出谋划策。她建议那位女经理动员员工，先把格力的产品推荐给他们的亲朋好友试用。

当时格力的知名度还没有现在这么高，仅仅摆放在架上很难取得顾客的青睐，如果不尽早打开销售局面，久而久之，商家就会失去信心。所以，董明珠除了动员商家的店员把产品推荐给他们的亲友试用外，还自己主动在现场向顾客推销产品。厂家直接站台推销，此举现在看来实属寻常，但在当时却几乎是开了一个先例，效果也非常好。

上天是公平的，艰辛的付出一定会有所回报。1992 年的夏天，这家商店 20 万元的格力空调销售一空，销量首次超过了其他知名品牌。女经理感慨于董明珠的真诚，如约又从格力进了一批货。

有了这家店的成功，接下来的工作就容易多了，董明珠以这家店为例，成功说服了越来越多的商家，订单雪片一样地传到了珠海总部。

1992 年的空调销售旺季，格力空调在淮南市场的销售额达到 240 万元，这不仅是格力在安徽最好的成绩，甚至比有些省份的总销售额都要高。董明珠在松了一口气后，又把目光瞄准了芜湖市场。

芜湖对董明珠来说并不陌生，她曾在这里求学多年，然而，也只是如此，对于芜湖的空调市场，她并不熟悉，一切还是得从头开始。这一次，董明珠没有再采取之前那种挨个上门的营销手法，而是直接选定了一个大商家，决定打一场歼灭战，让格力的牌子一炮而响。

芜湖最大的电器商家是一个国有商场，之前与格力有过一些合作，所以董明珠没做他想，直接找到了这家商场的经理。让她意外的是，在听了她的合作计划后，对方颇有些生气地表示，对先款后货不感兴趣，因为他们是国有企业，信誉绝对没问题，从没有欠过厂家的货款，反而是格力，还欠着他们一笔钱。了解到这一点，董明珠马上表示，对方所说如果属实，保证马上把欠的钱补回来。回去后，董明珠立马给珠海总部打了电话，查明的确欠了对方的款，随后她坚决要求总部归还了欠款。

董明珠极具诚意的做法打动了商场经理，接下来的一切水到渠成，和在淮南的那家商场一样，董明珠和商家一起努力，迅速打开了格力在芜湖的市场，1992 年，仅仅芜湖这一家商场，就销售了格力 100 万元的产品。

第二场战役可谓速战速决，战果辉煌，为董明珠接下来“铜陵之战”奠定了很好的基础，也争取到了时间。

在铜陵，董明珠借鉴了前两次的经验，锁定了一个大商家，并继续采用之前的办法，为商家出谋划策，与商家的店员一起卖格力电器。当时，陕西有一家空调厂的业务员也在跑这个商家，那是名男业务员，人非常勤快，也会来事，经常给经理送点礼品，一起喝酒吃饭，关系极好。可事实证明，董明珠的方法更有效，当年，格力在这家商场的销售额居然超过了陕西的空调厂，让那名业务员直呼不可思议。在他看来，自家工厂的产品在铜陵已小有名气，怎么也比格力的强，自己和商场经理的关系又十分铁，怎么能输给名不见经传的格力和一个手无缚鸡之力的弱女子呢？这让他十分懊恼。

在这家商场获得成功后，董明珠继续努力找更大的市场，并幸运地做成了一笔大生意，那就是与铜陵市供电局的合作，这单生意直接打开了格力与当地政府合作的大门，第一笔订货金额就高达 50 万元。尽管如此，董明珠并没有飘飘然，而是踏踏实实地做好了后续工作，让格力真正在铜陵市场站稳了脚跟，取得了这次战役的重大胜利。

三大战役之后，董明珠又陆续在合肥、安庆等城市找到了可靠的经销商。当年，董明珠个人在安徽的销售额突破 1600 万元，占了整个格力公司全年销售额的 1/8，是名副其实的销售冠军，不仅成为同事中争相讨论的传奇人物，而且引起了格力领导层的高度重视。

决战南京，坐稳格力销售冠军宝座

董明珠在格力崭露头角，主要是靠个人的努力，但也少不了机遇的帮助，这里所谓的机遇，一方面是说她在安徽市场碰到的人和事，另一方面主要是指格力珠海总部管理层的变化。1992 年，格力电器的主要缔造者朱江洪坐上了格力董事长的位置，朱江洪本人是学技术出身，对营销并不擅长，但他却善于识人、用人，注意到董明珠在安徽的表现后，他立马就决定重点培养“这株好苗子”。

1992 年，格力在安徽的销售额高达 1600 万元，可在相邻的省份江苏却只有区区的 300 万元。

两省相比，安徽穷，江苏富，那为什么销售额是相反的而且差距巨大呢?为了弄清楚真相，朱江洪决定前赴江苏地区调查市场，此行，他点名要董明珠陪同，并先行到了安徽。在安徽短暂的考察期间，朱江洪所到之处，都是对格力空调和董明珠本人的褒奖，这更加深了朱江洪对董明珠的赏识。在去南京的火车上，两人的交流更深一步，董明珠详细向朱江洪讲了自己的销售经历和感悟，而朱江洪也表达了自己对董明珠的赏识和期许，希望她能再接再厉。

在经过对江苏市场的考察以及与总部管理层的讨论后，朱江洪决定将江苏市场交给董明珠来做。这是莫大的信任，也是艰巨的挑战。董明珠在思虑一番后，最终接下了这个任务。

1992 年秋冬之际，董明珠前往南京，这座城市是她的故乡，但这次她的目的并不是回家。在经过一番考察后，董明珠发现，比起安徽市场，打开南京这个大城市的市场反而要困难得多。

南京是六朝古都，文化气息浓厚，经济也极为发达，消费水平在全国处于前列，又是四大火炉城市之一。按理说，十分适合空调的销售，事实上，其他牌子的空调也的确卖得很好，尤其是春兰空调，当时在南京可谓是人尽皆知。相比起来，格力空调的销售量就要寒碜得多，其中的主要原因就在于对手过于强大，而且不只春兰一家。所以，如果只是一般业务员，的确很难在南京打开一番局面。但倔强的董明珠就是不服，对手的强大，反而激起了她的好胜心。

为了打开市场，董明珠把之前学的销售方法全用上了，最后把突破口定在了南京太平商城，并成功实现了先款后货的销售模式。

1992 年底的春兰订货会，抱着学习和长见识的目的，董明珠混了进去。在会上，她机缘巧合地结识了江苏五交化总公司的业务经理，并谈得十分投机。后来，江苏五交化在考察了珠海格力后，提出做格力的江苏全省空调总代理，保证年销售额不低于 1000 万元，超过部分要 0.5% 销售额的奖励。董明珠认为格力在江苏没有名气，江苏五交化会是一大助力，于是极力促成董事长朱江洪同意了五交化的条件。

事实证明，董明珠的判断是对的。众所周知，冬季是空调的销售淡季，可拿下江苏五交化这一单，对方打的第一笔款项就是让格力其他业务员吃惊的 200 万元。也就是从那时开始，五交化成了董明珠在江苏的第二个上班地点，她在这里厉兵秣马，期待着 1993 年空调销售季的到来。

1993 年来了，但随之而来的还有不在董明珠预料之中的南京空调大战，这次大战的导火索是由如今已大名鼎鼎的家电连锁巨头苏宁点燃的。当年，苏宁在空调旺季还没到来之前，就抢先发力，在南京各大媒体展开规模空前的价格战攻势，苏宁所打出的空调的销售价普遍比市场价低近千元，这种价格优势让苏宁横扫南京空调市场，占据了整整 70% 的份额。

南京的商家自然不只有苏宁，且苏宁当时也不是实力最强的。针对苏宁的价格攻势，南京八家主要的国有商场联手成立“南京家电拓展协调委员会”，一起降价对抗苏宁，这八家推出的一些家电品种，报价普遍都比苏宁低。

开弓没有回头箭，苏宁自然不愿意就此认输，便打出了全城最低价的承诺，如有例外，全额支付消费者差价。这一创意性销售方式，取得了极好的效果，苏宁在第一天的销售额即突破 1000 万元。

这场惨烈的价格战将空调的价格打到了最低，商家所赚利润微乎其微，只有那些按兵不动、没有参加这次价格战的厂家似乎才是最后的胜利者，这个厂家就是格力。当年 6 月，南京空调大战突然戏剧性地结束。随着炎暑的到来，受价格战的影响，空调脱销了。接着，南京所有的商场包括苏宁的售价均悄然回升。人算不如天算，之前没有降低售价的董明珠意外地轻松坐享其成，将格力空调以较高的价格出手，大大获利，当年，董明珠在南京的销售额高达 3650 万元，比起之前的 300 万元，翻了 10 倍之多，蝉联格力销售冠军。

1994 年 5 月，中国空调史上第二次价格战在南京再次拉开帷幕，广告上的具体空调价格比起 1993 年还要低得让人心动，针对市场的形势，格力总部也无法再像 1993 年那样保持淡定，公司上下只有一个声音：降价。

针对此事，朱江洪专门打电话征求负责江苏市场的董明珠的意见，董明珠的态度依然如故——绝不降价，她认为格力的质量已被消费者认可，消费者不会因为几百元的差价就不买格力空调。而从南京的天气规律来看，肯定会热起来，所以，她坚决反对降价，并建议朱江洪把积压的货先发到信得过的经销商那里，以缓解库存压力。朱江洪考虑后，认同了董明珠的看法。

最终，市场再次证明董明珠是对的。6 月过后，天气热了起来，空调零售市场再次火爆，整个年度，格力销售额达 8 亿元，与春兰、华宝并列行业三强。这一年，董明珠完成的销售额是 1.6 亿元，占当年格力总销售额的 1/5，牢牢占据格力销售冠军的宝座。

这次大获成功后，董明珠终于暂时放松了身心，回家好好待了几天，好好陪了陪母亲和孩子。然而，回到家，还没和母亲孩子说几句话，她就突然接到公司的电话，让她速回总部处理经营部的工作。在南京火车站，儿子向董明珠摇着小手，脸上挂满了泪珠，董明珠也不由得放声痛哭。

第2章

她走过的路，寸草不生
——霸道女总裁的“野蛮”成长史

人们常说商场如战场，商界里没有悲天悯人，没有顾影自怜。女性企业家要想在竞争残酷的商界占有一席之地，尤其需要杀伐决断、雷厉风行。董明珠在格力的每一步都格外地用力，无论是对自己，还是对别人，都可以用一个“狠”字来形容，因此，业界在说起她时，才会有一句令人敬畏的描述：她走过的路，寸草不生。

临危受命，接手格力营销权杖

1994 年，就在格力电器的发展局面大好、董明珠在江苏市场做得风生水起的时候，格力总部却发生一起惊人的“集体辞职”事件——主管营销的副总和他手下的销售人员集体辞职，选择跳槽到格力的竞争对手那里。一时间，格力内部人心惶惶，企业经营受到严重影响。面对危局，朱江洪紧急将董明珠从南京调回，让她主管已经越来越混乱的经营部，担当经营部部长一职。

回顾这次“集体辞职”事件，导火索在于朱江洪从企业的长远发展考虑，决定缩减销售人员的提成，将提成比率由原来的 1% 下降到 0.28%~0.38%，这引起销售人员的极度不满。而当时的客观形势是，1994 年格力的销售一片大好，连仓库的存货都一销而空。朱江洪认为，这主要是因为格力空调的质量、天气、环境等因素，但格力的一些销售人员却无视这些客观因素，认为主要功劳都是他们的，所以，企业不应在利润不断提高的情况下，大幅地降低销售人员的待遇，这是令人难以接受的。那位营销副总认为，产品质量好是打开市场的必要条件，而不是充分条件。质量好的产品并不保证就能畅销，而营销的作用就在于将好产品推向市场，让消费者接受。销售人员担负着企业的命运，销售人员的身价也在企业相互挖掘中不断提高。这种看法不能说全没道理，但过高估计销售队伍的能力，认为企业的兴衰完全在于销售人员，却是一种错误的认识，可惜的是，当时有这种错误认识的销售人员不在少数，在他们看来，靠自己的销售能力，能把格力卖好，到其他企业卖其他品牌的产品也一样没问题。

巧合的是，当时正好有一家中山的空调企业向格力的营销副总伸出橄榄枝，承诺只要销售额超过 3 亿元，企业就可以给业务员 3% 的业务费，外加 2% 的广告费，一共比格力电器提成高出 10 倍左右。这一诱人的开价，让格力电器经营部的销售人员更下定了跳槽而去的决心，并付之于行动。

再说董明珠，她在安徽、江苏两地已经打开了销售局面，有很多大客户，而且比较稳定，待下去的话，个人肯定能得到更多的利益，发展前景也是极好的。但董明珠从来就不是一个弃难从易的人，既然企业出现了危机，需要她站出来，那么从企业的长远考虑，她自然就毫不犹豫地把个人利益放在了一边，选择了临危受命，接手经营部。当时，她向朱江洪表态，自己回来当部长不是为了权力，而是为了回来做事，只要不是为个人牟利，自己作任何一个决策都希望得到朱江洪的支持。朱江洪没有二话，爽快答应。

值得一提的是，在这次集体跳槽事件中，作为格力当仁不让的销售冠军，董明珠自然也被挖角，对方开出的价码是年薪 200 万元，这在当时可是一笔不小的数目，有些大型企业老总都拿不了这么多。但董明珠并没有动心，坚定地站在了格力和朱江洪的一边，果断接手经营部，并劝说那些准备跳槽的业务员重新考虑。她的理由有三点：①格力没有对不起大家的地方；②朱江洪是位好领导；③大家处了这么长时间，是有感情的。这三个理由显示了董明珠的价值观：比起利润，她更看重发展潜力；比起待遇，她更在意企业领导的好坏。

董明珠出任经营部部长不是偶然的，朱江洪和员工们一致看好她是出于三个原因：一是她的销售业绩异常突出。1992 年她的销售额是 1600 万元，1993 年她的销售额是 5000 万元，1994 年她的销售额是 1.6 亿元。二是她对事业、对组织高度忠诚。在格力的那几年中，作为一个年过三十的女性，她玩命般的工作精神是很多男人都无法企及的，在“集体叛逃”期间，她更是坚定地站在了格力和朱江洪的一边。三是作为业务人员，她在安徽、江苏等地，与天斗、与地斗、与人斗的坚毅与技巧、胸怀和胆识，说明她具有作为领导者的多样特质。

然而，董明珠接手经营部，也并非一帆风顺。经营部部长是朱江洪对她的一个许诺，但这项任命在格力高层却遭遇了极大阻力。朱江洪为人厚道，容得下能力虽强但做事直来直去的董明珠，但格力的其他高层人士却并不都是这样，对董明珠反感的人不在少数，他们以董明珠对营业部不熟悉为借口，只同意让董明珠先暂时当副部长，看表现再升职。在他们看来，董明珠在安徽、江苏做销售，年收入能达百万元，而一个经营部副部长年薪只有区区 10 万元，争强好胜的董明珠必然会有抱怨甚至不愿接受。

但他们想错了，董明珠不仅接受了经营部副部长的位子，而且干得是全身心投入，堪称玩命。在副部长的位子上，她脑子里想的全都是如何把格力做得更好，每天只睡 5 小时，连做梦想的也是格力。一旦有了什么想法，无论多晚，她都会从床上爬起来，拿本子记下来，还经常打电话叫同事一起讨论。

董明珠不仅严于律己，还严格律人。之前的格力经营部，迟到早退、喝茶看报、吃零食聊天都是多年雷打不动的现象。董明珠一上任，就对这些现象进行了严格的管理，经常把员工教训得掉眼泪。有一次，董明珠摔断了肋骨住进医院，同事们买了东西一起去医院看她，对此，她很感动，可依然对违反纪律来看她的人进行了批评和罚款。

对一些同僚假公济私的行为，董明珠更是眼里容不得沙子。上任后，她发现企业内部存在大量损公肥私的行为：账册上的应收款高达 5000 多万元，但相当部分根本无法追回，如济南一家企业欠账 100 多万元，但企业内部竟拿不出任何有效凭证，且无法查出责任人；一张宣传单的市场价是 0.2 元，可格力付的价格是 0.88 元；公司花了 450 万元在机场租了一个广告牌，却背朝人流方向……

“我最不能容忍的是，杂草在国企这块肥田里肆意侵占禾苗的空间和养料；我最痛恨缺乏责任感、只考虑个人利益的人和事。”于是，董明珠直接跑到朱江洪那里，张嘴就要求把全部对外财务交给自己管。下级向上级伸手要权本是职场大忌，但朱江洪当场就表示同意。一些人觉得董明珠“多管闲事”，堵住了自己的“财路”，便联合起来企图轰董明珠下台。可每当这时候，朱江洪总是会给予董明珠最坚定的支持。

出任经营部副部长一个月左右的时间，因为出色的表现，董明珠被升任为经营部部长，这一次，没有任何人有阻拦的理由，而董明珠也正式接手了格力的营销权杖。

营销模式的演进：发展和依托区域大户

1994 年以前，格力的品牌还没有建立起来，市场意识比较淡薄，销售管理缺乏经验；整个社会品牌消费意识不强，普通老百姓买不起空调，空调的用户主要是社会集团；销售通道鱼龙混杂，很不规范。

在此背景下，格力采取的“销售模式”主要是依靠销售人员的个人能力打天下，运用销售提成的方式刺激销售人员的积极性，通过大量赊销实现厂商合作和销售增长。

这种模式的销售无疑是艰难的，从初做销售的董明珠所经历的种种磨难中我们就可以看出。尽管凭着对格力电器的忠诚，凭着自己的勤奋和韧性，凭着自己的聪明才智和坚定意志，董明珠迅速成长，连续几年占据销售冠军的宝座，但这并不代表别的业务员也能做到她这种程度，更无法掩盖这种销售模式的种种弊端。

所以，董明珠担任格力经营部部长之后，立即加速了格力的营销模式由初始的“推销阶段”向“大户模式阶段”演进，这是因为董明珠在当业务员期间就已经成功地尝到了发展和依托“大户”的好处，如铜陵供电局、江苏五交化等，都让她的销售业绩有质的突破。

1995 年，格力全面进入“大户模式阶段”，其标志事件就是“淡季返利”这一销售模式的推出。所谓“淡季返利”，就是根据经销商淡季投入资金数量，给予相应利益返还。这样，就把传统“钱货”关系，变成“钱利”关系，既解决了制造商淡季生产资金短缺的问题，又缓解了旺季供货压力。

当时，国内的空调行业已经普遍采用了“年终返利”模式。其内容是：厂商根据经销商全年完成任务即销售量的大小，在销售年度结束时，依照事前的承诺给予经销商一定点数的利润返还。通行的惯例是，经销商销售得越多，年终厂方返还的点数也就越高。

“淡季返利”加上之前已经采取的“年终返利”，把格力的营销模式正式推进到了“大户模式阶段”，促使更多“大户”加盟格力。

毋庸置疑，能够在空调销售淡季投入大量资金的经销商必定是“大户”，无论其资金是来自存款还是借贷，也只有“大户”才有足够的胆量下注。因为当时空调销售的淡季与旺季之分是很明显的，而到底是淡季还是旺季全由老天爷说了算，因而在销售淡季谁也不敢保证第二年旺季到来后销售是否会真旺。此外，还有一个不确定的因素，那就是市场竞争。当时，家电业的竞争异常残酷，价格战几乎每年都有，谁也说不准来年竞争对手会采取哪种更富竞争力的市场策略。所以，格力的“大户模式”有一定“赌”的成分，赌老天的仁慈，赌大户经销商的智慧和胆量，赌竞争对手的智慧和胆量。当然，格力的“赌”是有其胜算的：其一，旺季总会到来的，虽然市场竞争激烈，但格力在产品差异化方面已具有较明显的优势，已经得到广大消费者的认可；其二，已有类似于江苏五交化这样的大户做示范，并且格力此时已经具有了大规模生产的实力，品牌影响力日渐扩大，因此，众多“大户”经销商下注格力并不是盲目的行为；其三，格力已经率先采用“淡季返利”政策，它的竞争对手即使反应过来也不会迅速加以模仿，因为按照一般的思维逻辑，竞争对手只有在看到了这一策略确实发生了效力时，才会做出模仿的决定，然而此时为时已晚，因为有足够胆量的“大户”已把钱打到了格力的账户上，除此之外，品牌、信用、产品质量也使竞争模仿的门槛无形之中有所升高。

1995 年销售年度结束以后，格力又使出令竞争对手大惊失色、令经销商喜出望外的非常举措——模糊返利，在经销商没有太多思想准备的情况下，拿出了一个亿的利润奖励经销商。格力的这一奇招使广大经销商经销格力空调的信心进一步增加,为下一年度格力再度推行“淡季返利”和“年终返利”政策，并使竞争对手即使模仿也难以匹敌埋下了有力的伏笔。

总体来说，董明珠在格力推行的“淡季返利”“年终返利”“模糊返利”的组合策略是十分成功的。采用这一组合策略的第一年，格力空调的产销量就由上年的行业第八迅速上升为行业第二，次年又一举跃居行业第一，这既是格力组合策略创造的奇迹，也可以说是董明珠推行“大户模式”创造的奇迹。

规范市场，“格力模式”的诞生

“大户模式”在为格力赢得极大的市场优势的同时，也暴露出了不少缺陷。例如，一些“大户”经销商在被培植起来以后，开始忘乎所以，直接威胁到格力和其他众多格力经销商的利益。这些“大户”的表现一般有以下两种：其一，为追求“更大”的份额，拼命地相互压低销售价格，甚至低于进价抛售，从而既严重地侵害了格力的利益，也导致众多二级、三级经销商不满，这些不符合游戏规则的“大户”之间的自相残杀式的价格战、市场争夺战其实质是一种恶性竞争；其二，“大户内战”的阶段性结果是少数“大户”迅速成为“超级大户”，这些“超级大户”继而开始以自己的“大”向格力施压、讲条件、要利润，甚至直接要挟格力按照自己的意志行事。

关于“大户模式”存在的巨大缺陷，一个典型的案例可以作为最好的注解：

格力在江苏的一位经销商，从 1995 年开始与格力合作，只用了一年的时间就成为格力第一销售大户，但巨大的成功导致该经销商头脑发热，他公然声称：“只要我做到了格力第一经销大户，我要什么政策，格力就得给我什么政策。”1996 年的凉夏，在这个空调销售的淡季中，该经销大户大量要货，想囤积格力空调，排挤竞争者，独霸江苏市场，也让格力对其产生依赖。该经销商还完全不顾格力的营销制度，在淡季以低价向四川、广东、湖南、河北、江西、安徽发货，冲击各地市场，严重破坏了格力的销售计划，极大地危及了二级、三级经销商的利益。尽管损失这个经销大户对格力肯定不是件好事，但在董明珠看来，企业的整体形象和长远利益超越一切。若厂家对市场的控制力丧失或被削弱了，就有可能导致商家投机经营肆虐，影响品牌形象。所以，董明珠封杀了这个经销商，停止向其供货。

像上面这样的经销商不止一家，这种“大户模式”的巨大缺陷，让朱江洪、董明珠开始警觉，这一模式如果继续发展下去，格力苦心经营建立起来的市场网络和品牌声誉很可能会毁于一旦，于是格力开始规范市场，均衡大户。

具体来说，格力采取了以下策略调整其营销模式：

（1）实行局部代理制。省会城市发展 3~5 个经销商，中型城市最多发展 1~2 个经销商。格力在各方面大力支持和扶持这些经销商，使他们在销售格力空调时有利可图。

（2）采取优惠的淡季销售政策，淡季让利于经销商并增加附加条件，使经销商加大推销力度，以获取丰厚的回报。

（3）通过丰富的年终返利政策，激励经销商更多地销售格力的空调。

（4）在销售服务、广告宣传、售后服务等方面大力支持经销商，为经销商的销售提供各种便利，使经销商的知名度得以迅速提高，能更多地销售格力的空调。

（5）采取了多种有力措施巩固扩大销售，保证大多数经销商的利益：首先，进行市场协调、价格协调，以防止经销商之间的恶性竞争；其次，在业内率先给每一台出厂的空调配备“身份证”（条形码），以防止经销商跨区域销售，扰乱价位体系，破坏市场基础；最后，对不遵守价格协议的经销商进行罚款，直至停货、取消经销资格等严厉处罚。

通过实施上面这些策略，格力不仅稳定了产品价格、维护了品牌形象，还提高了市场份额。而全国数千名经销商、3000 多家专卖店也成了格力自主渠道的有力保障。“通过这些具体而有力的措施，使经销商增加了对格力的信心，销量大幅度增加。”格力的一份内部文件这样写道。

董明珠也曾在 1997 年对其当时的营销模式作过这样的总结：

本着维护商家利益、鼓励适度竞争的原则，我们建立了以一级分销商为主要供货商，协助一级分销商开发二、三级分销商或零售商的营销体制。事实证明，这种分销渠道有助于各级分销商适度竞争，获取利润，有助于调动各级分销商特别是主分销商的积极性。在每一个省市区域，根据当地市场容量和竞争需要，我们一般选择 3~5 家这样的分销商，个别地区有所扩大或缩小。工厂只和这些一级分销商进行签约、买卖、产品调拨。为了照顾一级分销商的利益，工厂一般不在该区域另行发展新的分销商。这样出于利润的追求，一级分销商和工厂都有责任尽力扩大销售、稳定价格，为顾客做好服务。一级分销商为工厂扩大品牌影响和市场占有率，工厂为一级分销商做好产品质量、产品调拨、技术培训和服务，以及进行整体营销策划如广告宣传、开展促销活动，在售后服务上提供条件等。厂商（指一级分销商）携手、商商联手、互利互赢，极大地鼓舞了经销商纷纷主销格力空调，格力的经销商队伍越来越大，市场占有率稳步上升，成为格力与众不同的经营特色。

不过，这个阶段格力的营销网络规划与管理方面依然存在一些较严重的问题，其中比较突出的一个问题是：由于一个区域多个大户经销商并存，以及各个区域间多个大户经销商并存，使得区域内外大户经销商之间经常为争夺二、三级经销商而摩擦不断、纠缠不休。这种情况同前面所述的“大户模式”存在的问题在性质上并无二致，也就是说，采取区域性销售后，虽然较为有效地缓解了“大户模式”存在的问题，并使格力电器的销售继续增长，但也暴露出了其固有的缺陷：部分“小户”经销商在被培植起来以后，“重利忘义”的情形再次出现，直接威胁到同区域甚至不同区域的经销商的利益，最终威胁到厂方的利益。

董明珠回忆道：“我当时有个感觉，这样做就像是用堵的方式治洪水，收效有限，还有溃堤的危险。1997 年度结束时，格力再度保持了第一，但若市场不能行之有效地规范好，我们的地位能不能巩固会成大问题。”

董明珠是务实和理性的，格力是务实和理性的，格力的大多数经销商也是务实和理性的。当董明珠感到所采取的措施收效有限时，她又走出了一步大胆的棋——区域性销售公司模式，也就是后来被业界给予高度评价的“格力模式”。

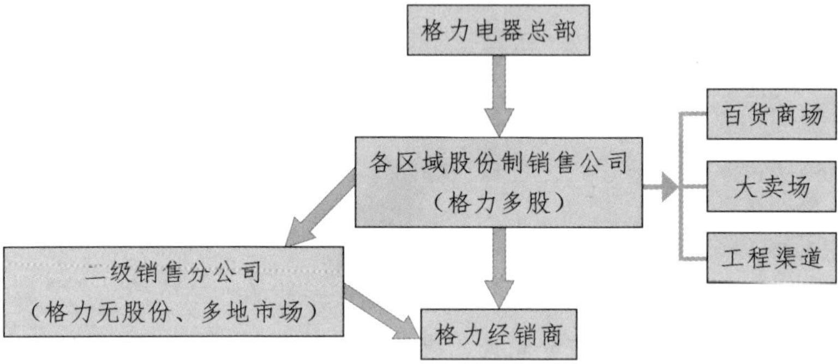

图2-1　格力渠道初始结构

1997 年，董明珠升任格力电器营销副总经理。就在这一年，她发明了“区域性销售公司模式”，并在湖北地区试行。

当时格力在湖北地区共有四个一级经销商大户，格力内部人士称之为“四大家族”。这“四大家族”之间竞争不断，不仅搞得自身元气大伤，而且严重扰乱了其他市场的经营秩序。在这样的背景下,董明珠有了“把大家捆在一起”的想法。

董明珠把这个想法向朱江洪作了汇报：“不是单纯的联营，是以入股的形式共同成立一家公司。您看，与其控不住价令厂家、商家、消费者三方受冲击，不如将三者的利益捆绑在一起，由格力控投，各商家联合共组销售公司，这样各自的利益就变成大家共同的利益了，可以实现价格自律、服务自律。”

朱江洪对此想法大为认同，让董明珠马上与湖北的“四大家族”商量。这四家因为内战元气大伤的经销商听了这个想法后，立马鼓掌表示赞成，直夸道：“好啊！董明珠是观音菩萨，救苦救难！”

就这样，在 1997 年 11 月 20 日，第一家格力股份制销售公司成立，四家经销商每家出 160 万元，格力出 200 万元控股。董明珠当了董事长。

剪彩的时候，董明珠说：“格力几年来一直坚持控价，即使是暂时带来一些困难和失误，我们的决心也始终没有动摇过。现在成立区域性销售公司，一个重要的目标就是稳定市场，开辟独具一格的专业化销售道路。”

开始一段时间，有人对此持怀疑态度，认为格力的控价也只是摆摆姿态，到一定时候价格肯定会控制不住，继而这种营销模式也就失败了。

当时的情形也的确难以让人乐观，销售公司由格力和四家经销商组成，后者同时还经营其他品牌，抢的都是格力电器的市场份额。内部磨合也有一个过程，几个老总原来都是“一把手”，现在突然有人出来对自己指手画脚，很不习惯。大家每天开会商量来商量去，却商量不出个名堂来。

于是在接下来的董事会上，董明珠抱病主持会议，给他们分配了任务：“每家派 8000 万元的销售额，一共 3.2 亿元，不完成指标年终不许分红。我是董事长，说话算数。”

销售公司的齿轮迅速转动起来，具体一操作，效果十分明显。1998 年，湖北格力销售公司进的格力空调全部销在湖北，没有一台外流，销售额达到 5.1 亿元，各家分到的红利都超过了本钱。

在试点成功后，董明珠迅速在全国推行这一模式，先后在 32 个省市成立了区域性销售公司。

淮地起风波：她要走的路，注定不会平静

时光飞逝，转眼到了 2001 年。自从董明珠接手格力的营销权杖后，兢兢业业，把全部心思都用在了格力的发展上，她也不负众望，经过几次营销模式的改进，带领格力的销售团队，在全国市场纵横驰骋，创造了一个又一个的销售奇迹，格力超越众多对手，成为国内空调行业的带头大哥。

然而，董明珠所要走的路注定不会平静，就在格力的发展形势一片大好之时，格力再次发生了内讧事件，董明珠也被迫卷入其中。

2001 年 4 月，格力总部方面认定安徽分公司的高管梁某在经营管理过程中有违规越权、挪用公司资金等行为。为维护企业利益和消费者权益，董明珠立即前往合肥召开董事会，宣布将梁某免职，不再担任任何职务，并对具体事务进行了处理。

在董事会上，梁某表现很诚恳，表示愿意接受公司的任何决定，并好好反省自己。董明珠认为对方已经认识到了事情的严重性，应该不会再有什么问题，所以第二天就匆匆返回珠海，毕竟当时已经到了空调销售的旺季，总部还有一大摊子事情等着她做。但接下来发生的事情大大出乎董明珠的预料，她刚返回珠海就得到消息：她离开安徽的第二天，安徽分公司的几名股东就自己召开“临时紧急董事会”，私自罢免了珠海格力派来的财务部长，抢夺了公司的财务章和银行印鉴，并将所有销售人员赶出门，声称“格力公司来人要罢免我们，你们这些业务员都没有工作了”。

就事论事地说，财务章被抢，对珠海格力电器公司损失并不大。安徽格力分公司是一家有限责任公司，所以即使资金被骗，官司也打不到格力电器头上。但是，因此举二、三级经销商的损失可就大了，当时，各地商家打给安徽格力分公司的货款多达 5000 万元，其中相当一部分都还没有提货，而他们的钱大多是从银行贷来的。因此，这件事情处理稍有失当，就会导致很多商家血本无归甚至家破人亡。

意识到事态的严重性，董明珠向朱江洪汇报了情况并得到指示：无论如何，都要保证账目的安全，许多经销商投的都是现金，一旦账目丢失，后果不堪设想。董明珠接到指示后，再次赶往安徽。

到安徽以后，细心的董明珠为了防止意外的发生，也为了解决法律方面的问题，专门带上了一位律师同行。

下午 3 时左右，董明珠到达格力安徽分公司。看到公司的景象，她意识到事情的发展要比自己想象的严重得多。整个公司混乱不堪，挤满了要找董明珠“讨说法”的人，后来得知，这些人都是梁某和其同伙为刁难董明珠而调集的不法分子。

董明珠提出召开董事会，可股东连个人影都看不见。那些不法分子在公司四处捣乱，并叫嚣着：“再带十几个人过来，带家伙过来！”简直就是一群黑社会分子。

在董明珠的坚持下，梁某等人被迫同意召开董事会，可在会上，却是百般抵赖，耍尽各种手段，并不断向董明珠施压。这时，董明珠已经认识到，安徽分公司的高层，基本都和梁某捆在一个利益链上了。自己在这里与他们纠缠下去，不会有任何结果，一切都必须依靠法律解决，所以，她决定暂时撤到离合肥不远的南京，并决定立即查封安徽分公司的银行账户和仓库，使其彻底停止营业。

去南京之前，董明珠给律师开了几份权责委托书，目的是阻止安徽分公司高层再从账面上提款，并委托这位律师以她的名义继续与梁某等人在安徽交涉。

4月18日，董明珠在南京获悉，梁某已经向银行提出取款，而要冻结公司账上资金，必须提供能证明她的委托书和签字有效的公证书，以及出具国家金融管理局的通知，这些文件必须在周一下午4点前送达银行，逾时就启动账面汇款。按当时的情况，此举纯属银行的刁难，但董明珠并没有就此放弃，在她的努力下，在离银行时限还剩最后20分钟时，安徽分公司的账户被成功冻结。钱没有拿到手，梁某又打起货物的主意，以为凭自己的身份，去仓库提货肯定没什么问题。所幸，董明珠行动及时，那位律师拿着她的委托信，提前找到了仓库负责人，说明原委，让梁某的计划再一次落空。

此后不久，格力总部认定梁某在经营管理中违规越权，董明珠宣布安徽分公司印鉴作废，终止对安徽分公司的任何授权。

这次事件在经销商中造成了极坏的影响，有一些经销商已经开始担心他们在安徽格力的债权了。为了稳定格力在安徽的忠实经销商，保护他们的合法权益不受损失，格力拿出价值3500万元的空调给经销商兑现，这才稳定住了局面。紧接着，董明珠依靠自己之前在安徽时与当地二、三级经销商的良好关系，迅速成立了新的安徽销售公司。在董明珠的努力下，当年格力在安徽市场的销售额非但没有因为这次事件下滑，反而保持了增长状态，销售额达5亿元，比上年度增长了40%。

需要指出的是，安徽发生的事件在那段时间并非偶然，早在2000年末，格力电器就发现，湖北分公司一些居心不良之人想采用“移花接木”的手法，借格力品牌搞“体外循环”，将格力的资源转移到个人注册的小公司中去，损害二、三级经销商的利益，从中牟取暴利。

对此，董明珠展现了强硬的作风。2001年初，格力在湖北成立了一家“新欣格力公司”取代湖北格力销售公司。随后，年销售逾5亿元的湖北格力销售公司开始停止营运，这就是“湖北兵变”事件。

除了安徽、湖北，在河南、重庆、东北等地也上演过此类事件。虽然，这一系列事件最终都得到了妥善的解决，但也使董明珠深刻地认识到：没有哪一种营销模式是可以一成不变的，格力模式也如此。一种新模式的诞生并不代表其能够永远适用，它还得不断成长，不断完善，不断适应市场形势的变化。吸取了教训以后，董明珠对格力渠道的调整全面展开。因为在经营部的突出表现，董明珠本就是格力电器总经理的最热门人选，再加上对这次事件的成功处理，此后不久，董明珠就登上了格力电器总经理的宝座。

在董明珠的努力下，安徽格力事件得到妥善解决，当年格力在安徽的销售额也逆势增长。然而，这并不能掩盖此次事件所反映出来的格力多年的积弊，在格力电器内部，惰性已经越来越严重，总销售额连续几年没有大的突破，腐败和不公充斥着高层，大量员工对此已经无法容忍，准备联合起来罢工抗议。

沧海横流，方显英雄本色。关键时刻，升任总经理的董明珠选择刮骨疗毒，迅速撤换了一批不合格的中高层干部。

也是在那段时间，各部门接连不断地收到对朱江洪和董明珠的“举报”，神情凛然的调查组也不断在格力电器进进出出。最后，朱江洪和董明珠没被查出问题，格力电器一名高层干部却因贪污被送进了监狱。

这场虽然痛苦但却必要的“刮骨疗毒”让格力电器迅速摆脱了摇摆不前的经营状态，企业管理也真正走向了规范化。从 2001 年底开始，格力电器的销售额从 70 亿元、100 亿元、138 亿元、182 亿元，一直增长到 2005 年的 230 亿元。2005 年，格力电器还以 1200 万台的销量一举超越了韩国品牌 LG，成为空调行业当之无愧的世界冠军。

改制，两个格力的“打架风波”

在外界看来，董明珠怎么都不像是一个传统的国企领导，格力也不像一家传统意义上的“国企”。可事实上，格力从创办之初就是一家集体企业，而它的上级，是一家带有强烈行政特色的国有企业：珠海特区经济工业发展总公司（以下简称珠经发）。随着格力空调的发展壮大，珠经发在重组后，也更名为格力集团，凌驾于格力电器之上，拥有格力的品牌、重大决策及人事豁免权。

长期以来，在格力集团的全力支持下，格力电器作为格力集团旗下唯一的上市公司，充分利用上市公司的各种优势，迅速发展成为空调领域数一数二的知名企业，并把格力空调发展成为全国驰名商标。也正是因为格力电器对格力集团和格力品牌的特殊贡献，其在集团中的地位一直如日中天，其主导作用在一些方面甚至已凌驾于集团之上。财务、人事、经营上的独立，使格力电器成为格力集团下的一个“独立王国”,格力集团已无法掌控。而在“专业化”和“多元化”发展战略与企业文化上的严重分歧，导致格力电器与格力集团在发展道路上渐行渐远，并最终发展成为直接和公开的对抗关系。

诺贝尔经济学奖得主科斯有一个十分著名的论断：企业要成功，首要条件是必须产权清晰。格力电器的领导者只有经营权，企业做任何一个大的决策都必须层层上报，等待层层批复。而空调业又是当时中国市场化最彻底的一个行业。作为上市公司的经营者，格力电器董事长朱江洪和总经理董明珠认为自己不但代表着大股东格力集团的利益，还要代表中小股东的利益，所以，对于格力集团下的指令并不一味地机械执行。早在没上市的时候，朱江洪就曾经为了一项决策跟当时集团的董事长争吵得非常厉害，甚至猛拍桌子，从早上一直争到中午，最后取得了胜利。类似的事情一再发生，使得朱江洪连辞职报告都打好了，不行就辞职退休。格力电器的人一般也不愿意谈及与格力集团的关系，对于格力集团旗下的其他产业也是一再声明“与格力电器无关”。在早年格力电器业务如日中天的情况下，格力集团似乎还能忍受这种不敬，两者基本相安无事。然而，因为集团内部存在和发生的一系列管理问题，格力集团与格力电器之间的矛盾开始激化。格力集团方面曾经多次以支持兄弟企业发展为名要求格力电器提供资金支持，甚至将存款存入格力集团财务公司中，但都遭到格力电器高层的拒绝。

2003 年以后，对于格力电器与格力集团的矛盾，好事的媒体冠之以“父子之争”的名头对其进行了持续的公开报道。

2004 年前后，格力集团又发生了一系列的负面新闻：财务黑洞大走光，品牌之争白热化，高层人事变动频繁。格力集团的动荡让人们对于刚刚走上正轨的格力电器充满了忧虑：干劲十足的董明珠会不会受到集团动荡的影响？她还能在自己设定的计划里领导格力电器继续前行吗？

对当时的董明珠和格力电器来说，营销与技术创新已不是难点，国际化也不是难以逾越的，内讧与管理问题才是其必须迈过去的坎儿。

2004 年 9 月 11 日，原格力集团总裁兼格力电器董事长苏结宏被检察机关带走，他是继格力集团凌达压缩机厂原总经理高国萍、格力集团副总裁梁建华、格力集团房产有限公司总经理梁华应之后，又一位“出事”的集团高层。所有的原因都集中到一点：财务黑洞大走光。而财务黑洞大走光则缘于 2004 年初启动的工业、商贸、房地产三大板块的重组。

“这是有人在这里混淆，想把格力电器拉进去。”说到苏结宏，董明珠立场明确，“严格地说，这个人（苏结宏）只是个挂名董事长，因为它（格力集团）是出资人，是大股东，它要派董事长过来。但是，他这个董事长根本就不管事，他也管不到这里来，他只是挂个名而已。如果集团与我们有关联交易的话，格力电器不会是这个样子。”

格力电器与格力集团之间的矛盾，与同样使用“格力”这个品牌、产品质量问题频繁的珠海格力小家电有限公司（以下简称格力小家电）也有直接关系。格力电器指责格力小家电严重损害了“格力”品牌，而作为“父亲”的格力集团，却明显地偏袒格力小家电。

到了 2005 年，格力电器与格力集团的冲突到了白热化的程度。

2005 年 11 月初，格力电器突然发表公开声明，称部分公司在媒体刊登的专题报道中，借用“格力电器”和“格力空调”的品牌和良好形象来宣传自己及产品，严重误导了广大投资者和消费者，是一种对格力电器品牌的侵权行为。

这份格力电器的声明中所说的“部分公司”正是与其同属格力集团下属企业的格力小家电，格力电器的这则“突发”声明让格力集团措手不及。为了迅速澄清市场的误解，格力集团也赶紧刊登广告，明确指出“格力”品牌归集团所有，格力集团下属企业包括格力小家电均得到格力集团的商标授权，有权使用“格力”商标。

然而，格力电器并未就此停手，又迅速在媒体刊登了格力集团将所持格力电器股权全部质押等可能对格力集团构成不良影响的信息公告。

由此，格力电器和格力小家电的品牌之争的“暗斗”变成了上市公司格力电器和控股股东格力集团的“内讧”。

在当时的国企产权改革背景下，格力电器和格力集团的矛盾正是国企改革困境的一个缩影。就在格力“父子之争”的同一时期，曾经被格力步步跟随的“老大哥”春兰，其产权清晰化运动因为“国有资产流失”的舆论质疑被紧急叫停。而在距离珠海不到 100 公里的顺德，科龙冰箱在混乱的并购中惨淡经营，一度产生了 36.93 亿元的巨额亏损，有人评价说：“一家曾经最被看好的家电企业成了隐晦产权游戏的牺牲品。”

这些案例对于同样面临产权清晰化要求的格力而言，都是惨痛的前车之鉴。但幸运的是，格力找到了改弦易辙的机会。在“父子之争”矛盾白热化的时候，格力电器启动了股改方案。

格力电器先是向格力集团收购了压缩机和小家电业务，并于 2005 年 12 月 21 日，与集团签署了商标权转让合同书。根据当时的股改方案，格力电器的大股东格力集团做出了向格力电器无偿转让“格力”商标的承诺，并承诺格力电器原有领导班子保持不变。据知情人称，当时“格力”商标评估价不低于 1.5 亿元，按 40%的流通股比例，相当于支付了 6000 万元对价。因为当时“格力”商标处于质押状态，为有足够的时间办理商标转让手续，双方在合同中约定：办理商标权的转让、变更登记时间为合同生效之日（2006 年 2 月 28 日）起的两年内。

2006 年，朱江洪出任格力集团的董事长、法定代表人、总裁和党委书记。

2007 年 8 月，格力集团完成了“格力”商标的质押解除手续，随后格力电器向国家商标局递交了商标转让申请。10 月，国家商标局予以受理。

2008 年 2 月 28 日，格力电器公告称格力集团已履行完“格力”商标转让变更登记的所有手续。3 月 27 日，国家商标局公告称“格力”商标转让当日起生效。

至此，“格力”商标转让手续全部完成，时任格力电器副董事长兼总裁的董明珠表示，公司拥有一个诚信的大股东，“兑现了股改承诺”。

两个格力的“打架风波”终于落下了帷幕，但纷争的余波却尚未完全平息。2012 年，在格力电器年度股东大会上，由公司大股东——珠海市国资委推选的格力集团总裁，因为没有获得过半数的参会小股东支持，失去了进入公司董事会的资格。这一消息很快被媒体以《格力电器“空降兵”被中小股东请出董事会》的标题广为传播，成为“父子之争”一篇浓墨重彩的后续篇章。

卸任格力集团董事长背后的真相

2012年，格力电器原董事长朱江洪退休后，董明珠独挑大梁，身兼格力集团董事长、格力电器的董事长及总裁等职，格力正式进入“董明珠时代”。

在董明珠的带领下，格力电器在2012年取得的成绩十分耀眼。2012年年报显示，格力电器年度营收达993亿元，同比增长近20%；归属上市公司股东的净利润达74亿元，同比增长近41%。在4年后的2016年，格力电器稳中有涨，实现年度营业收入1083亿元，同比增长约11%；归属上市公司股东的净利润为154亿元，同比增长23%。然而，也就是在看似风平浪静的2016年，董明珠的格力版图开始出现松动。

2016年10月，珠海市国资委突然对外发出一条通知，该通知称，“免去董明珠珠海格力集团有限公司董事长、董事、法定代表人职务”。

因为这条通知距离董明珠提出的收购珠海银隆方案遭到股东会否决不久（收购珠海银隆一事后文会有详细介绍），所以，业内对此事产生了大量的猜测。

那么，董明珠卸任格力董事长背后的真相到底是什么？

首先，董明珠是主动辞职，且在上市公司格力电器的任职不变。

珠海市国资委的这一通知并没有影响董明珠在格力电器的职位，她依然担任格力电器的董事长、总裁及法人。董明珠本人也表示，这只是集团内部正常的人事调整，不需要做出回应。格力电器的回应称：“董总基于国家的相关规定及本人意愿，主动辞去格力集团董事长一职，仍继续担任格力电器的董事长兼总裁，专注于推动格力电器的发展。这是正常的工作变动，珠海国资委也将一如既往地支持董总工作！”

其次，董明珠是按照国企改革的要求主动提出辞职的。

董明珠卸任格力集团董事长后，据珠海市国资委相关负责人表示，免去董明珠格力集团所有职务主要是基于广东省纪委、省委组织部、省监察厅、省国资委联合下发的《关于促进国有企业领导人员廉洁从业禁止违规兼职的通知》的要求。在《关于促进国有企业领导人员廉洁从业禁止违规兼职的通知》中，重点围绕“十不准”，对国有企业领导人员兼职问题做出了全面规范，重点是防止因此产生的利益冲突。

格力集团董事长属于市属干部，代表国资委，格力电器是股份公司，纯属企业性质。按照国企改革的规定，董明珠不能同时担任集团和电器公司董事长。事实上，不仅是格力，其他珠海几家国企上市公司当时也都做出了类似的调整，这完全可以击破那些恶意的揣测与谣言。

最后，董明珠卸任格力董事长是因为与格力电器的员工持股计划以及其在格力电器的身份有所冲突。

2016 年 8 月 17 日，国务院国资委、财政部和证监会联合印发《关于国有控股混合所有制企业开展员工持股试点的意见》（以下简称《试点意见》），就国有控股混合所有制企业划定员工持股范围。《试点意见》规定：“党中央、国务院和地方党委、政府及其部门、机构任命的国有企业领导人员不得持股。外部董事、监事（含职工代表监事）不参与员工持股。如直系亲属多人在同一企业时，只能一人持股。”

根据《试点意见》，董明珠卸任格力集团董事长正是因为这一身份与上市公司格力电器的员工持股计划以及其在格力电器的身份有所冲突。

“塞翁失马，焉知非福”。虽然卸任了格力集团董事长，但是，董明珠依然担任格力电器的董事长，所以，她能把更多精力放在对格力发展的战略思考和掌控上来，切实地让格力电器“百尺竿头，更进一步”，真正成为“中国工匠精神的杰出代表”，实现“让世界爱上中国造”的品牌愿景。

PART 2

掌控营销大局，引领中国制造

推销只是单纯地把东西卖出来，而营销则要复杂得多，不仅仅要把产品卖出来，更重要的是培育市场。

不断地去探索，不断地去创新，不断地向消费者提供严谨、优质的产品，“工匠精神”必将引领中国制造升级。

——董明珠

第 3 章

倔强营销，“我永远是对的”

董明珠带给格力的不仅是份漂亮的业绩单，更是倔强的以营销为中心的战略思想，以及这个思想所支撑的自主营销模式。当不少同行还挤在价格战独木桥上痛苦不堪的时候，董明珠已经用这种独特的营销模式带领格力快步走上了提升企业价值的正途。

不屑于价格战，用心做好产品才是最佳营销

众多家电行业内人士都知道格力有自己一套特色鲜明的营销模式，这就是著名的“格力模式”。“格力模式”不是向别的企业复制的，而是格力在营销实践中遭遇各种危机和挑战之后被逼出来的独门“武器”。

“格力模式”最大的一个特点是不打价格战。众所周知，家电行业的竞争，最引人注目也最惊心动魄的无疑就是价格战。空调行业自然也不例外，各大企业经常会掀起残酷而又激烈的价格战，以大幅降价或者赠送礼品的方式，来抢夺市场份额。各大企业之间的价格战经常把空调市场打得乱象一片，从消费者的角度来讲，价格战无疑是于己有益的，但对各大企业而言，结果往往是“杀敌一千，自损八百”。

在空调企业多年来的价格大战中，格力一直扮演着“清流”的角色，不管业内价格战打到何等惨烈的程度，格力空调却始终选择不参加。这主要是因为格力的决策者董明珠从来都不屑于价格战，对价格战，她历来都是旗帜鲜明地予以反对。董明珠说：“空调的价格大战不是一个好的营销策略，价格大战对所有的制造商都没有好处，用心做好产品，提高产品的品质，才是最佳的营

销方式。”

董明珠早就认识到，空调市场的价格战有弊无利，一方面，价格战使企业遭受明显损失。企业遭受损失，就没有足够的资本再追加投资，企业的经营和发展就要面临挑战，国家的税收就要面临损失，消费者的使用体验也必然变坏。另一方面，因为价格过低，企业为了缩减成本、保持利润，就很可能在生产成本和服务成本上大做文章，此举必然伤害消费者的合法权益，从而为整个市场埋下巨大的隐患。

当然，不打价格战不等于格力空调不降价。对此，董明珠是这样诠释的：“格力主动降低价格，与打价格战完全是两码事。有人说格力的毛利率在 30% 以上，这是不确切的。在微利经营时代，能有这么高的利润率是不可能的。原因很简单，原材料成本高，售后服务成本高，利润率不可能有那么高。说句实话，格力的利润率充其量只有 5%。格力赚钱，完全是依靠企业的规模。”

董明珠指出，不打价格战，格力也有充足的理由和条件很好地生存与发展，那就是用心做好产品，用优质的产品给消费者带去更多的实惠。至于产品的成本问题，则正如董明珠上面所说的，格力依靠规模化生产，可以将成本完全消化，这比打价格战要有效得多。

家电行业进入微利时代已经很久了，在此前提下，价格战已经成为众多企业的一块心病，让企业的领导者们头疼不已。参加吧，纯属于“赔本赚吆喝”；不参加吧，市场份额就要被抢夺。然而，董明珠却没有丝毫的担心，在她看来，微利是时代发展的必然趋势，垄断时代和信息闭塞时代才会出现暴利，在竞争时代和信息时代不可能再出现。微利是竞争的必然。但是，产品的微利并不代表企业的微利，企业要做出规模来，才能集小微而成大利。

外界将董明珠定位为营销女皇或者营销专家，但这些对她来说，意义并不大。个性独立的董明珠绝不会因为这些光环就去改变自己。事实上，在营销方面，董明珠最大的特点就是始终保持诚信共赢的心态，并且从不曾丢掉这一点。

董明珠指出，只要格力一直秉承诚信共赢的理念，就一定会赢得市场、赢得消费者。至于同行如何评价自己、如何评价格力，她从不放在心上。

格力的确实力强大，董明珠也深知这一点，她心里非常清楚，格力电器一直是消费者非常认可的品牌，有这个做保证，就不必过于担心营销的问题。

的确，一家企业要想真正地做长久，就必须对消费者负责，就要生产出好的产品。只要产品好，消费者的口碑就好，消费者就对企业有信心，企业的营销也就有了可靠的市场。消费者想购买格力的产品，就会主动到卖格力空调的地方去买，他们不会因为商家是谁而改变购买格力空调的想法。格力的市场是因为消费者的认可而存在的，不是依靠大卖场而存在的。董明珠自信地说道：“我们不满足你大卖场的条件，你可以不批准我们加入你的大卖场，但是，我们的条件也一样苛刻，你不满足我们的要求，我们就可以终止与你的合作。我们也真诚地希望将来能跟国美等大渠道商达成合作共识。我们并不是非要自建销售渠道，也不是非要自建渠道来抗衡大卖场。我们一直在寻找志同道合的合作伙伴，把格力的事业持之以恒地做下去。”

上面的分析并非无的放矢，其实，格力很早就已经开始自建销售渠道，在全国各地建立专卖店。之所以建立专卖店，原因并不全是为了摆脱对大卖场的依赖，也是因为空调产品的特殊性。消费者在购买空调后，企业要负责安装和跟踪服务，格力承诺为消费者提供六年的包修服务，而且是要直接跟踪到消费者的。之所以建专卖店，主要就是为了更好地实现制造、销售、服务的三位一体，这无论是对消费者还是对企业都是十分有利的。所以，格力的专卖店才会越开越多、越开越好，并引起同行企业的效仿。专卖店多了，格力占领的市场相应也就大了，随之自然也就有了与大卖场博弈的资本。

规范行为，勇做行业标杆

严于律己，规范行为，是董明珠身上的一个鲜明特点。董明珠曾经对朋友说：“如果你认为你是我的朋友，你凭实力去竞争，不要来找我。个别人可能觉得我冷酷了一点，但这是我对格力企业文化建设的坚持。”

在制度面前，董明珠没有柔情，甚至可以不计亲情，而这无疑是很容易得罪人的。“我是得罪人最多的。”董明珠对此并不讳言。但她认为，这也不是什么坏事，社会总是需要守法者。在董明珠看来，制度、规范是不允许任何人来打破的，而要求别人做到这一点，自己首先就必须规范行为，起带头作用。

不仅个人是如此，从营销的角度来讲，董明珠认为，格力也必须保证自身的行为合乎规范，起带头作用，做行业标杆，带动整个行业健康发展。

有一段时期，国内一些空调企业为了自己的利益，采用虚假广告等非正常手段欺骗消费者，结果导致产品质量与广告描述不符、售后服务无法兑现等现象的发生。对这类现象，董明珠深恶痛绝。

在营销实践中，格力力求从各方面对行业产生积极影响。在董明珠看来，当格力的产品成为一种标杆，或者说成为消费者的首选、获得消费者的认可时，行业中的其他企业也就会或自觉或不自觉地向格力看齐，以确保自己的产品不被淘汰。一直以来，格力始终用工匠精神、双赢原则和对消费者高度负责的态度，脚踏实地，稳扎稳打，一步一步发展成为全球最大的集研发、生产、销售、服务于一体的专业化空调企业，成为经销商和消费者的首选空调品牌。

格力的规范行为还体现在某些产品的亏损经营上，如格力“小金”系列产品，就曾采取亏损经营方式。之所以亏损也要经营，就是想通过自己的行动，来规范空调市场上的不规范现象。比如，在市场上，有些空调产品价格很便宜，甚至不到1000元，但消费者买回去的很可能就是残次品甚至废品。格力选择亏损经营，将一些产品的价格定得和这些产品差不多，而质量又高很多，就是为了以此改变消费者的购买观念，让他们在对产品的使用中感受到品牌的力量，也让那些以次充好的空调企业感受到危机，做出让销售者受益的改变。

格力的亏损经营并不是打价格战，而是以此规范市场竞争。董明珠说得很明确，也很有决心："为了达到这一目的，格力可以用那些高端产品所获得的利润，来回补那些亏损经营的产品。"

当格力为打造百年企业、专注构建百年营销渠道而努力时，即便格力不想做行业的标杆和领跑者，但因为拥有了高于其他同行企业的视野与目标，也就自然而然、当之无愧地成为行业的标杆和领跑者。

一个怀有远大志向的人才有可能成为领袖，同样的道理，一家怀有远大志向的企业也才有可能成为行业标杆和领跑者。董明珠是这样的人，格力也是这样的企业。

董明珠清楚地认识到，从制造业的角度来看，格力电器要想打造百年企业，首先就要有具有持久生命力的流通渠道，努力构建同属于一个管理、文化和品牌体系的营销同盟。所以，董明珠明确地告诉经销商们：格力空调是他们永远的选择。在这个营销体系内，格力和广大经销商都有一个价值取向，就是做一个拥有持久生命力的国际品牌。对此，董明珠看得很通透："格力不是为赚钱与大家去做一件事，而是为了与大家共同做好一件事去赚钱。做好一件事是前提，赚钱只是随之而来的事。"

如今，格力空调已经在世界范围建立起了庞大的营销网络。“先有市场，后有工厂”是格力独有且在很长一段时间内不会改变的经营思路。格力不光是为了盈利，还是为了在国际上打造和树立强大的企业品牌。格力希望通过自己的努力获得世界的认可，创造一个让中国人骄傲的品牌，成为中国制造业的一家标杆企业，以此带动更多中国企业规范行为、健康发展。

请“首富”出镜代言，一场双赢的营销策划

随着互联网时代的到来，明星的影响力比起以往越发强大，很多企业纷纷选择影视明星做广告代言。明星代言无疑是一种很好的营销方式，对产品的知名度有很大提高，但这种营销方式也有其不足之处。

曾经，第一季中国好声音刚播完时，某男歌手迅速走红，苏宁第一个签下他做代言，男歌手的广告在地铁里抬头可见。但该男歌手吸毒被抓后，苏宁立刻把他的广告全部下线，找他代言的联想也是同样做法。虽然在合同中一定有关于明星发生此类事件的赔偿方案，但对于企业来说，损失钱是小事，更亏的是宣传步伐被打乱了，企业品牌形象受损，这才是最大的损失。像这类的明星代言事件在如今这个娱乐圈普遍浮躁的时代并不少见，所以说，明星代言有其隐患。

与明星代言相比，企业家代言目前来说还是比较少见的。但随着各种财富排行榜、中国年度财经人物等排名、评比越来越受到人们的关注，以往较为神秘的企业家也开始被推向公众。中国企业家再也不是西装革履地坐在大转椅上，拿着笔签合同那类千篇一律的模样了。他们有了自己的形象和风格，比如，马云口才出众，潘石屹信佛，俞敏洪善于励志，周鸿祎爱打嘴仗，等等。企业家的个人形象已经被公众所熟悉，这就为企业家代言奠定了基础。

2014 年 3 月 12 日中午，一条由董明珠和中国首富王健林联袂出镜的格力广告亮相央视，该广告播出后，迅速在业界和坊间引起热议。广告片中，王

健林面露疑色，笑问董明珠：“听说中央空调不用电费？”“是的。用太阳能。”董明珠的回答一如既往地从容、简洁。王健林随即欣喜地表示：“那我每年可以节约电费 10 亿元。”

这条广告主推的产品是格力中央空调新品——光伏直驱变频离心机，其最大特点是将大型中央空调机组与“取之不竭”的太阳能结合，实现“中央空调不用电费”的承诺。

一个是中国新首富，一个是霸道女总裁，王健林和董明珠，在各自领域均达到了旁人难以企及的高度。这一次，王健林选择与董明珠共同“出镜”，不得不说，在诸多企业家代言中，这是双方实力都很强大的一次联手，必然吸引更多眼球。而二人为何合作，也必然引起众人好奇。

对此，董明珠在接受媒体采访时说的一段话可以让我们窥出端倪：

> 他（王健林）曾经说过，格力作为制造业的一个代表，这样追求完美是让他很感动的。另外，他自己觉得我们的技术对他来讲很震撼，他一年实际上的电费要节省 50 个亿，不是 10 个亿。我找他合作，不完全因为他是做地产的，因为我觉得他的产业很大，他的很多产业其实也是用电大户，光伏空调技术能给万达产业带来的不仅是能源的节约，更广泛的是社会资源的节约，他觉得这是非常有意义的一件事情。此前万达和格力也有战略合作，所以当时我给他打电话，我说王董我想请你帮我一个忙。他说什么事。我说我们的光伏空调想做一个广告，你能不能跟我一起拍一条广告。他没有犹豫，说没问题。后来我说我给你一点代言费。他说绝对不要钱，因为我从来没做过广告。

从某种意义上讲，王健林之所以出镜为格力代言，除了与董明珠的友情外，也是在表达对讲求以技术制胜、坚守工匠精神的“格力模式”的认同和尊重。说到底，王健林与董明珠属于“同一类人”。他们都同样坚信，虽然电子商务等新兴商业模式会带来巨大冲击，但传统的产业体系仍然具有强大的生命力。

“2000 多年的历史证明，传统产业的生命力是最强的，不然的话，商业不会存在 2000 多年。”王健林表示，一定要坚守传统产业，同时在传统产业基础上尽可能地去创新，包括向马云等互联网企业家学习。

董明珠也同样认为：“新经济就是虚实的结合，只有虚和实完美结合，才是有活力的新经济。”

在董明珠看来，格力电器不靠价格，而是靠技术，靠优秀的产品和服务，是真正的中国制造和中国创造。而为传统企业注入新的互联网思维，也是为了更好地服务消费者，寻找更好的发展。

这种商业理念的共鸣，是两人合作的基石。

当然，假如只是将王健林、董明珠的这次合作单纯地看作彼此的相互欣赏和认可，那就过于简单了。格力和万达的合作并不仅仅停留在两位企业家共同出演广告的层面，双方已达成深度合作：全国一百多座万达广场进行节能升级改造时，将全部采用格力最新技术的光伏中央空调，项目总标额为 100 多亿元。而王健林在广告片中那句“每年可以节约电费 10 亿元”，也印证了这一合作的成果。

另外，当时也有业内人士猜测，格力联手万达是在下一盘更大的棋：从 2013 年开始，格力就一直在加速建设高端形象店，而万达作为全国高端商业地产，完全能为格力提供优质的开店资源。

回到企业家代言这个话题，从董明珠自身角度而言，代言格力产品不免有“王婆卖瓜”的嫌疑。不过，谁又能像王婆那样了解自己的瓜呢？从业务员做起的董明珠能一口气说出格力空调的所有性能，而代言的明星却对代言产品了解甚少，只能机械地照搬台词；董明珠能为产品的安全负责，明星不仅没去过生产线，甚至可能在代言之前都没有用过产品，这就使得明星代言很难具有说服力。相比明星那张完美却模式化的脸，董明珠眼神中流露出的坚定和不妥协更能打动人。

也有人说董明珠太抠了，不但自己代言格力不用花钱，请王健林做广告也没花钱。董明珠对此并不讳言，坦率承认就是为了“节约成本”，不过，深入分析的话，董明珠此举并不仅是省钱，而且是顺应潮流、作用巨大的一种营销手法。

从王健林的角度来讲，代言格力广告，在为格力无偿出镜的同时，也给自己做了免费的形象广告。王健林当时身为中国首富，知道的人自然不在少数，但知道他长啥样的可就没那么多了,这一点他甚至都不如他的儿子“国民老公”王思聪，所以，选择合适的出镜机会是必要的。

我们再往深里研究还可以发现，王健林代言格力的潜台词无非就是万达大量的物业配备的都是格力的这款高端产品。类似的潜台词很容易给人以这样的印象：首先，万达的装修档次很高，而且很节能环保；其次，万达是家有环保意识和社会责任心的良心企业。如此看来，王健林能够免费为格力出镜也就不难理解了。

事实上，回顾过去几年，已有越来越多企业家成为广告片主角，如聚美优品的 CEO 陈欧、小米董事长雷军等，其代言方式也多种多样，成为中国商界的一道独特风景。这样的代言往往是一种双赢模式：一方面，企业家做代言人是其自身成长的需要，借助广告传播个人的价值理念；另一方面，体现了代言者对自身品牌的信任和支持，激发消费者对产品的信任和购买行为。

话题营销，把自己打造成舆论焦点

话题营销是近年来国内外十分流行的一种公关传播与市场营销手段，集新闻效应、广告效应、公共关系、形象传播、客户关系于一体，并为新产品推介、品牌展示创造机会，建立品牌识别和品牌定位，快速提升品牌知名度与美誉度，属于口碑营销的一种。话题营销主要是运用媒体的力量以及消费者的口碑，让广告主的产品或服务成为消费者谈论的话题，以达到营销的效果。

2004 年 6 月的第二个周一，一个英国人像超凡的间谍帅哥 007 一样驾驶着一辆水陆两栖跑车成功穿越了英吉利海峡，这个人就是著名的维珍集团老总理查德 · 布兰森。全世界的媒体都把目光聚集到这个“不务正业”的富翁身上。许多人产生疑惑：这个“老小子”疯了吗？其实，说他疯的人才真正应该反省下自己的思维。据专家估算，布兰森这么跑了 22 英里，就至少为自己的企业省下了 1000 万英镑的广告费！

这就是话题营销，让全世界的新闻媒体记者像中了邪一样将笔墨用在这个话题上，其实，他们都成了企业不花钱的宣传者。

在这个大传播的时代，需要有大创意。品牌需要创意，传播也需要创意，而在众多的传播手段中，能很好地将“效果与创意”充分结合的，就是话题营销。与广告和其他传播活动相比，话题营销能够以最快的速度，在最短的时间内产生最大的影响力。

董明珠无疑就是一个话题营销的高手。

2015 年，国内手机科技圈议论最多的不再是苹果、华为、小米，而是一直神龙见首不见尾的格力手机。尽管格力手机最终销售成绩惨淡，可单纯地从话题营销的角度来讲，董明珠的营销手法还是有很多可取之处的。下面，我们就来看看董明珠是如何通过话题营销来为格力手机造势的。

2015 年 1 月，董明珠在达沃斯世界经济论坛上突然对外宣称要做手机，并表示格力要做手机“分分钟超过小米”，此举无疑让人联想到之前她与雷军的 10 亿赌约，这也是为格力手机预热的表现。此消息一出，犹如向平静的湖里扔了一颗炸弹。余震未了，董明珠就突然在公开场合向外界展示了带有格力 LOGO 的手机真容，并称自己已经在使用。

紧接着，到了 3 月底，董明珠向记者表示，格力手机很快将会上市，而且用格力手机，可以三年不用换手机。五一期间，董明珠又在公开场合表示，格力手机已经投放市场并开始铺货。

6 月 1 日，在 2014 年格力股东大会上，董明珠宣称：“（格力手机）未来目标 5000 万台应该没什么大问题。”6 月 12 日，董明珠改口称：“我们的手机出来以后，根本不对市场销售，团购都来不及。”

7 月 11 日，有网友在微博上曝光了格力手机的开机图片。从图片来看，格力手机开机时会出现来自董明珠的问候语：“感谢您选择格力手机，这是格力跨进全球 500 强后推出的首批手机之一，它不仅可用于人际沟通，还能开启格力‘智能环保家居’的大门。”除问候语外，开机界面上方有董明珠的头像，下方则有董明珠的“亲笔签名”。

通过以上一系列的营销事件不难发现，不断制造话题就是董明珠手机营销的精髓。

很多转型中的企业在发布新产品的时候都想搞一出别开生面、让人印象深刻的发布会，但最终都变成一场索然无味的产品信息介绍会。董明珠却完全不同，她是真的做到了“出其不意”。比如，用户习惯了智能手机快速更新换代，她就说“三年不用换手机”；网友吐槽格力手机性价比低，她就说卖 5000 万台没有问题；消费者逐渐懂得了什么是“用户思维导向”的时候，她就在格力手机上放自己的照片，而不是宅男爱的女神或者宅女爱的男神。这种种话题的制造，都与网友们的认知有极大的反差，导致很多网友体内的肾上腺素一下子分泌增多，而亲自嘲讽或者围观别人嘲讽都不足以平复激动的情绪，必须要转发给朋友们然后再极尽所能地评头论足一番，这无形之中就帮助格力手机赚足眼球。

回过头来看，从与雷军的 10 亿赌局，踩着小米做话题营销，到正式曝光格力手机，董明珠连番制造话题，成功地获得了媒体的关注，完成了一系列绝佳的话题营销。而在这个传播过程中，格力几乎没有花什么营销费用，只是借助董明珠的个人表演，就获得了巨大的关注，董明珠可谓是运筹帷幄，步步为营，完美地达到了话题营销的目的。

第4章

用中国品牌来讲中国梦，让世界爱上中国造

董明珠的一个梦想就是让格力走向世界，让全世界的人尊重格力品牌，同时也通过格力品牌，让更多的人了解中国。事实上，格力的品牌战略就是在讲述一家企业的中国梦，更为世界打开了一扇了解中国的美丽之窗。

加强品牌意识，品牌是营销的助推器

营销是企业做大做强的必然手法，但是，光有营销是不够的，还需要品牌。如果只有营销，没有品牌，企业的优势就无法得到充分的发挥。对于中国企业尤其是中国的家电企业而言，只有提升自己的品牌价值，才能摆脱简单且不入流的价格战。也只有进入深层次的品牌竞争，才能形成自身的核心竞争力和品牌影响力，从而游刃有余地应对各种竞争。

董明珠的品牌理想并不仅仅局限于中国空调业的“老大”，用她自己的话来说就是：“从企业的发展来讲，要将我们这个品牌、将我们经营的理念、将企业的文化推广到全世界，这是我们格力最终的目标。”

董明珠可以说是国内最早有“品牌意识”的企业家之一。在她看来，品牌积累是企业必须高度重视的问题。

董明珠在总结格力的品牌之路时这样说道：

对于一家企业来讲，品牌的积累有几个方面：首先是产品的质量问题，其次是数量问题。有了产品的质量和数量才能“堆积”成一个好的品牌。产品的质量不好，就无法在消费者心目中树立良好的品牌形象；同时有了优质产品的量的积累，也就有了品牌的质的飞跃。所以品牌的塑造依赖于产品的质量和数量。

格力空调能有现在的品牌知名度最重要的是两点：一是走专业化道路。走专业化道路对企业来讲有一定的压力，但正是格力的专业化奠定了我们勇往直前的基础，不管市场多么艰难、多么不规范，我们也要走自己的路。格力要有出淤泥而不染的荷花精神，战胜了自己就一定能战胜市场。二是坚持技术创新。格力空调始终坚持三个创新：管理创新、技术创新、营销创新。很多人说空调不含高科技，产品同质化，这是完全错误的。比如同一房间有 2 台空调，打开后，一台空调有噪音，另一台空调没噪音，这就不能说是同质化。企业的经营理念不同，他们生产出来的产品就会不同。还有一点就是要以人为本，要培养优秀的忠诚于企业的干部队伍，只要人的问题解决了，其他的问题就会迎刃而解。

在董明珠领导下，格力在品牌建设的道路上走得很扎实，得到了外界的普遍认可，先后多次荣获“中国驰名商标”“中国名牌产品”“国家免检产品”等称号：2005 年 10 月，格力电器被授予 2005 年度中国“节能贡献奖”称号，是空调品牌云集的广东省内唯一获得这一称号的空调企业；2006 年 3 月，格力被巴西民意调查局授予“巴西人最满意品牌”称号；2006 年 7 月，格力获“中国空调行业标志性品牌”称号；2006 年 9 月，格力被国家质检总局授予“中国世界名牌”称号，成为中国空调行业第一个也是唯一一个世界名牌；2006 年 11 月，格力电器获得了中国质量领域的顶级荣誉——“全国质量奖”，同月，格力电器获国家质检总局颁发的“出口免验”证书，从而成为中国空调行业首家获得“出口免验”资格的企业；2007 年 1 月，格力品牌被商务部授予“最具竞争力品牌”；2007 年 7 月，格力电器被人事部、国家质检总局联合授予“全国质量工作先进集体”称号，是家电业唯一获此殊荣的企业……这些行业顶级荣誉的获得进一步巩固了格力作为行业“领头羊”的地位。空调经销商普遍反映，在众多空调品牌中，格力空调的返修率是最低的。而在消费者心目中，格力空调的品牌信誉也是最好的，大量消费者对格力空调情有独钟。

表4-1　2017年第三季度中国空调市场品牌关注比例变动

排名	2017年7月		2017年8月		2017年9月	
	品牌	关注比例	品牌	关注比例	品牌	关注比例
1	GREE(格力)	37.2%	GREE(格力)	38.9%	GREE(格力)	38.6%
2	Midea(美的)	17.1%	Midea(美的)	16.4%	Midea(美的)	16.5%
3	Haier(海尔)	12.0%	Haier(海尔)	11.0%	Haier(海尔)	10.6%
4	三菱电机	5.0%	Panasonic(松下)	4.1%	三菱重工	4.6%
5	DAIKIN(大金)	4.7%	三菱重工	3.7%	DAIKIN(大金)	3.3%
6	Panasonic(松下)	2.9%	奥克斯	3.1%	三菱电机	3.1%
7	三菱重工	2.7%	DAIKIN(大金)	3.1%	Panasonic(松下)	2.8%
8	Hisense(海信)	2.4%	三菱电机	2.6%	奥克斯	2.6%
9	奥克斯	2.2%	TCL	2.4%	Hisense(海信)	2.0%
10	长虹	2.1%	Hisense(海信)	1.9%	TCL	1.9%
	其他	11.6%	其他	12.9%	其他	14.1%

数据来源：互联网消费调研中心。

从最初年产2万台的小企业到现在家用空调年产超过6000万台（套）、商用空调年产超过550万台（套），从偏居一隅的小品牌到今天全球知名的名牌产品，格力的发展之路就是一条品牌蜕变之路。如今，在加强品牌意识上，格力给自己提出了更高的要求，不仅是“好空调，中国造”，而且要“让世界爱上中国造”。

当然，加强品牌意识并不是喊喊口号而已。董明珠强调，格力一定要将加强品牌意识落到实处，要深刻认识到，产品、质量是品牌的生命，技术、研发是品牌的灵魂，销量是品牌的基石，传播是品牌的翅膀。

过冬，靠的是品牌的自主创新

社会中的每一个人、每一个行业，都需要创新，这是整个社会和整个人类能够不断往前发展的重要驱动力。

世界上每时每刻都有新的公司诞生。可令人遗憾的是，新诞生的公司中，有差不多一大半会在几年之内夭折，只有少量的公司能生存下来，并得以发展。这些公司得以生存和发展的重要原因之一，就是它们能准确地捕捉到某种看不见而又确实存在的需求，并找到了切实可行的解决之道。这些平淡而神奇的解决之道，就是我们所说的创新。

2012 年，空调行业全年销量下滑幅度超过 10%。广东某知名家电企业前三季度营收仅 538 亿元，同比下滑 34%。多年来少见的行业衰退潮汹涌而至，许多空调名企也未能幸免。可让人们好奇的是，格力电器却在这一年成为全球首个单一品类销售额突破千亿元的家电品牌。事实上自 2008 年国际金融危机以后，格力电器营业总收入都能以每年 200 亿元的增幅持续逆势增长，这其中有什么秘诀呢?

对此，董明珠的答案是唯一且不变的："只有坚持自主创新，企业才能度过寒冬，民族品牌才能在世界竞争中占有一席之地。"

在格力电器的车间悬挂的一幅标语，也能为董明珠的答案做一个很好的佐证，这条标语是这样的："一个没有创新的企业，是一个没有灵魂的企业；一个没有精品的企业，是一个丑陋的企业。"

事实上，得益于品牌的自主创新，格力电器已经连续 20 多年居中国空调行业销量首位，自 2005 年起，连续十多年位居全球销量第一。

目前，中国制造业增加值率仅为 20% 多，而邻国日本则接近 50%。造成这种现象的原因不一而足，但最重要的还是因为中国制造业普遍缺乏核心技术，缺乏品牌的自主创新能力。拿空调的发展史来说，百年来都是由美国、日本这两个制造大国轮流垄断核心技术，第一台空调是由美国人发明的，接着，日本企业在空调分级上进行创新，并很快超过了美国，但在中央空调领域，依旧是美国一家独大。

董明珠认为，中国空调要赶超日本、美国，就必须依靠自身的努力，推行品牌的自主创新，以突破日本、美国的封锁和打压。

对日本、美国尤其是日本企业的封锁和打压，格力人有着深刻的体会。

2001 年初，重庆一家大型外资企业伏特公司向全国公开招标，要购买 50 套“一拖四”多联式中央空调。消息公布后，包括格力在内的国内各大空调企业纷纷报名参加竞标。可事实上，当时国内根本没有一家企业具备生产这种空调的技术和能力，格力也没有，只能做到“一拖二”。大家都抱着试试的想法，万一投中了就花高价买国外的产品贴上自己的牌子低价卖出去，即使亏本，也能换个广告效应。结果格力果真中了标，并因此付出了 100 多万元的代价。

按照当时中国企业的惯常做法，如果想短期内生产出新产品，捷径就是到国外买技术。2001 年朱江洪带队到日本，希望能够正式引进多联式中央空调技术。为了获得这一技术，格力打算出 5 亿元的高价，实在不行就买散件回来组装，然后逐步掌握这项技术，实现自己设计生产。结果，与格力一直有合作关系的日本企业明确表示核心技术绝对不会转让给中国企业，连相关设备的配件都不卖。

这盆冷水彻底浇醒了格力人。在朱江洪和董明珠的推动下，格力人卧薪尝胆，自主创新，锁定核心技术，完成了从追随者到引领者的华丽转身。在不到两年的时间里，格力人上下一心，成功研制出多联式中央空调技术，彻底打破了日本企业的垄断。消息传到日本，整个日本企业界都为之震动，要知道，日本企业在研制此项技术时，可是整整用了 16 年时间。

尝试到自主创新甜头的格力，对技术的投入不断加码。公司正式确立了技术创新型企业的发展战略。2005 年，格力制造的中国第一台离心式冷水机组正式下线，离心式冷水机组是当时国际上能效比最高的大型中央空调机组，打破了之前只有美国约克、日本大金等少数几家企业掌握了其核心技术和生产工艺的垄断局面，并依靠在这项技术上的自主研发，成功地从美国企业手中先后夺下了山东曲阜国贸中心、安徽黄山徽州大酒店、珠海华润万家商场等近百个大工程。

多年来，通过自主创新，格力电器不断推出新技术、新产品。比如，格力独创的 1 赫兹变频技术，压缩机最低功率仅为 15 瓦，让格力空调比其他的产品都节能；格力独创的无缝蒸发器以及新的大运动导风结构，让格力空调可以将噪音降到最低 18 分贝，相当于 10 米外 1 根针从 10 厘米处落地一般轻微，比其他的产品都更安静；格力独创的导风板和扫风叶片设计，让空调的扫风角度最高比传统空调高 3 倍，风量增加 10%~30%，比其他产品更舒适；格力独创的无稀土技术，摆脱了对稀土的依赖；格力独创的 R290 环保冷媒空调，使格力空调比其他产品更加环保，获得德国、马尔代夫等国的高度赞许……

这一切都不是空谈而来，背后需要付出巨大的努力、持续的投入以及强大的意志。在创新方面，董明珠的要求近似“无理”。有些产品被她否定了很多次，有时候，其他人觉得可以了，可董明珠觉得还不行。最终，很多看似不可能实现的目标都达到了。“这其实是一种碰撞。很多设计问题需要碰撞，有时进行不下去了，碰撞一下就能再离目标近一点，通过反复的碰撞，产品不断往前进。”格力电器工业设计中心的一位高管说。

格力电器对研发的要求也很“苛刻”。一件新品研发出来后，研发人员还是会觉得有一些不足的地方，哪怕只有几毫米的不足。“这些问题消费者发现不了，我们却要自觉进行挖掘。产品开发就是这样的一种追求。”这位高管说，“好的设计不光要满足好看、好用，还要符合生产规律，产品才会更有生命力。就像宜家的设计看起来很朴素，但是很巧妙，非常适合大批量的生产。”如此这般，格力“全能王”空调表面的平整度才能做到跟德国汽车标准一样。

在董明珠看来，即便是机械的生产车间里，也有着巨大的创新空间。“格力电器的创新，应当跳出简单的技术层面，”董明珠说，“创新要融入企业文化当中，营销、管理、生产模式都要和技术同步创新。每个人都有创新意识，才能实现真正的创新。”

美国有苹果，德国有宝马，这些都是非常优秀的金字招牌。董明珠认为，中国一定会出这种优质的金字招牌。这个招牌怎么来？靠产品，靠创新。人品即产品，产品反过来看人品，产品的背后有很多人的精神在里面。

董明珠一直将科技研发与产品创新置于最高战略位置，研发投入不设上限。“现在大家讲经济下行，我觉得表述不是太清楚，因为过去几年的高速增长有一部分是泡沫，现在要回归一个正常状态，天天坐火箭不行，我们大部分时间要坐火车，”董明珠如此看待中国经济降速的现象，“目前整个国家的发展是正常的，休息一下怎么不可以？调整一下思维，想想下一步怎么做更好。”

格力电器和同行企业的最大区别在于，格力电器多年来一直将科技研发与产品创新置于最高战略位置，“在技术开发领域里面的投入不设最高，需要多少就投多少，是无限的”。这一点从格力电器多年保持中国空调行业“研发投入最大”“研发人员最多”得到佐证。

截至 2019 年底，格力电器拥有技术研发人员 14000 多人，15 个研究院，900 多个实验室，累计申请专利 63956 项，其中申请发明专利 31500 项，是中国空调企业中拥有技术专利最多的企业。此外，格力电器还创立了制冷技术研究院、家电技术研究院、机电技术研究院和自动化研究院等多个技术研发中心，为将来的科技创新提供源源不断的技术支持。

董明珠豪言："未来，格力要继续创新，在思想上转型，在发展中不断推翻自己，再造一个一千亿。格力的'最终梦想'，是要通过技术的创新，让空调变得越来越简单，为消费者提供一个从未有过的、全新的生活方式。"

董明珠还明确表示，未来，格力电器将坚持"自我发展、自主创新、自有品牌"的发展思路，以"缔造全球领先的空调企业，成就格力百年的世界品牌"为目标，为"中国创造"贡献更多力量。

广告为品牌服务

家电市场向来竞争激烈，其中尤以空调市场处处硝烟弥漫，为了提升知名度，很多空调企业在自我宣传和广告投放上不惜重金投入。比如，2008 年，海尔、美的、奥克斯三家纷纷投下亿元，成为央视广告中标的家电三大巨头。这些投入也确实取得了很好的效果。

在品牌建设上，格力除了一贯塑造的专业形象外，与同行相比，最突出的一点莫过于不急功近利，多年来一直没有花哨的宣传概念。董明珠对广告的看法是：这是有效果的，但是只是昙花一现，必须有强力的产品品质来支撑，广告可以锦上添花但不能雪中送炭。格力的风格是做得多、做得好而讲得少，埋下头去，老老实实地干实事，相信消费者不是傻瓜，最终会明白到底什么样的产品才是自己真正需要的。因此董明珠不同意一味地用广告来提高格力的市场份额，她更看重消费者的口碑，认为广告应该为品牌服务，而格力电器历年来的广告语也很好地证实了这一点。

20 世纪 90 年代，格力打出“格力电器创造良机”的广告语，这条广告一语双关：“良机”不仅是指良好的机遇，而且指出格力空调的优良品质。

1991 年，格力电器刚刚成立，是一家声名不显的小厂子，只有一条简陋的、年产量不过 2 万台窗式空调的生产线。但格力开发了一系列产销对路的产品，抢占了市场先机，初步树立起格力品牌形象，为公司后续发展打下良好的基础。

1994—1996 年，格力电器开始以抓质量为中心，提出了“出精品、创名牌、上规模、创世界一流水平”的质量方针，实施了“精品战略”，建立和完善了质量管理体系，出台了“总经理十二条禁令”，推行“零缺陷工程”。狠抓了几年的质量工作，格力产品在质量上实现了质的飞跃，奠定了其在质量上的竞争优势，创出了“格力”品牌，在消费者中树立起良好的口碑。也正是从那时候起，格力的产品质量始终被摆在格力全厂上下的重要位置。应该说，这一时期，良好的质量为格力空调带来了销售良机，“格力电器创造良机”也体现了这一品牌效应。

1997 年是格力电器发展壮大的第一年。这一年，格力电器以空调产量 118.3 万台、销量 116.4 万台、出口量 11.2 万台，三项指标跃居全国同行首位。格力商标被国家工商行政管理局商标局认定为“中国驰名商标”。相应地，这一时期广告语也就变成了众所周知的“好空调，格力造”。

从 1997 年开始，格力电器转入管理深化与大规模扩张时期。2001 年 11 月，在广西北海召开的格力中高层干部会议上，格力电器提出“整顿工作作风，打造百年企业”的目标，开始深化内部管理，健全完善各种制度，向管理的现代化、科学化、规范化迈进。2003 年初，格力电器提出了“争创世界第一、打造国际品牌”的目标，向世界冠军发起冲击。2005 年，格力家用空调销量突破 1000 万台，顺利实现销售世界第一的目标，成为中国家电业在全球的“单打冠军”，让“好空调，格力造”这句广告语名副其实。

2010 年初，“掌握核心科技”取代沿用了十几年的“好空调，格力造”，这宣告了格力转型升级的信心和决心，是格力之前十几年来坚持自主创新的厚积薄发。格力用实际行动践行着由“中国制造”向“中国创造”转型的企业发展战略。董明珠指出，“中国创造”要逐渐摆脱依靠低劳动力成本、低端的、可简单复制的发展模式，形成自己的专利技术，拥有独立的知识产权和自主品牌。

2011 年，格力空调的主打广告语成了“让天空更蓝，大地更绿”。“一个企业的社会责任，不仅要创造利润，为参与国际竞争提供好的产品，更要为全球低碳经济发展贡献自己的力量。”董明珠说。

因为在技术研发上不计成本地投入，格力独立掌握核心制冷科技，为消费者提供了值得信赖的产品，同时也给社会带来了很好的低碳环保环境。检测报告显示，如果国内销售的空调全部为 1 赫兹变频空调，按 2011 年内销 6161.85 万台计算，每年可实现节电约 271.1 亿度，相当于减少二氧化碳排放 2704 万吨。而这正是格力核心科技“让天空更蓝，大地更绿”理念的最佳诠释。

从 2015 年 9 月开始，格力的主打广告语成了“格力，让世界爱上中国造”。

“让世界爱上中国造”，这不仅是一条响亮的广告语，而且是格力品牌建设的一大突破。从整个行业以及中国制造业的角度，喊出自己的品牌理念，必然使得格力的品牌更加深入人心，必然得到世界的认同。格力的这条广告语不仅在国内企业广泛传播，也频频在全球范围内“刷屏”，《纽约时报》《金融时报》整版广告，纽约时代广场大屏等具有国际影响力的媒体上都出现了格力这句震撼人心的新广告语，这对于格力品牌知名度和中国制造的声誉无疑都有很大提升。

从格力广告语的演变分析及发展轨迹我们不难发现，格力的广告语无不是为品牌服务，无不与“格力”这一品牌的发展变化息息相关。而品牌的强大也赢得了更多消费者的青睐。当然，格力品牌的提升并不只是因为做了广告，产品质量、技术研发才是其灵魂所在。

铺就国际化之路，让世界爱上中国造

随着中国加入 WTO，中国已与世界大家庭融合在一起，世界经济一体化正在逐渐形成。如何在国际化大市场中占有一席之地，如何拓展更大的生存空间、寻找新的经济增长点，成为每一家中国企业必须面对和关注的问题。

如同苹果公司的“创在美国，造在世界”，格力也一直以“让世界爱上中国造”为发展目标。早在 10 多年前，别的企业还热衷于向世界简单输出传统的“中国制造”产品时，格力却已经开始致力于将“中国创造”的价值向国际市场输出。

“通过自主创新掌握核心技术，只有这样，中国企业才能在国际市场打出自己的品牌，赢得世界的尊重。”董明珠的这句话成了格力电器的格言。依照这句格言的指引和要求，格力在实现“从中国制造转向中国创造，从中国速度转向中国质量，从中国产品转向中国品牌”之路上取得了一个又一个辉煌成就。

从 1993 年开始，格力电器就已经出口产品到家电强国——日本；1994 年底，格力电器拿到国内第一张欧盟 CE 认证证书，打开了通往欧洲市场的通道。此后，格力电器的产品远销欧洲、亚洲、非洲、南美洲及北美洲等 150 多个国家和地区，产品的质量、品牌已可以与世界著名品牌媲美并同台竞争。

在发展形势大好的前提下，1998 年，朱江洪和董明珠以高瞻远瞩的战略眼光和胆略、独具慧眼的英明决策，决定“走出去”，向国际化企业迈进。

为了选择最佳的外部投资环境，董明珠多次亲自或派遣海外营销团队前往国外考察和了解空调市场销售状况，并对全球空调市场和投资环境进行全面深入的调查和分析。南美洲这一潜力巨大的市场深深地吸引了董明珠，特别是南美的巴西、阿根廷等发展中国家。自 1998 年 10 月起，格力电器空调产品就敲开巴西市场，并以“格力”品牌进行销售，格力空调以高技术含量、优良的品质渐渐被广大巴西消费者接受与认可，短短半年内在巴西市场就销售 1.2 万多套空调。

南美洲位于南半球，该地区气候炎热，与处于北半球的中国可形成销售季节的互补。若能成功地占领南美市场，将使格力电器的年生产安排更趋向均衡，并使销售季节无淡旺季之分。特别是巴西作为南美洲最发达的国家，经济实力强劲，其国内生产总值占南美的 47%，国土面积大，人口超过 1.6 亿人，国内市场购买力强，而且空调市场处于上升阶段，其空调销售主要以窗机为主，品种单一，质量一般，外形简陋，价格偏高，分体挂壁式空调市场则还处于基本空白状态，而格力空调在这几方面都具备很强的竞争优势。

面对巴西的良好投资环境，以及南美市场的广阔前景，格力电器管理层决定把在巴西投资建厂作为格力电器向国际化迈进的试金石。为此，公司于 1999 年 3 月专门成立筹备小组，具体负责提出投资巴西的相关可行性研究报告，以及在巴西投资建厂工作的开展。

2001 年，格力电器在巴西玛瑙斯自由区投资 3000 万美元建设的巴西生产基地正式竣工投产，生产之路正式开启，这标志着格力电器加快向国际化企业迈进的步伐，是格力电器国际化的一座重要里程碑。到 2013 年底，格力巴西基地家用空调年产能超过 30 万套，年销售自主品牌产品近 2 亿美元。

2006 年，格力电器的第二个海外生产基地建成投产，地址选在南亚巴基斯坦。

2008 年，越南市场成为格力电器的第三个目标，格力电器投资设立越南格力电器股份有限公司，注册资本为500亿越南盾；同年10月，其对越南格力进行增资控股，注册资本及投资总额随即增加至800亿越南盾。

与多数企业海外投资不同的是，格力海外生产基地主要以输出技术和管理为主。在董明珠看来，贴牌是在缺乏核心技术的前提下，依靠大量廉价的劳动力、超长的加班时间和默默无闻的产品，创造着艰难而痛苦的财富积累，只有坚持自主品牌才是格力的选择。2008年，国际金融危机蔓延之时，有的企业因为找不到订单而苦苦挣扎，格力却在此时拒绝了有着百年历史的欧洲厨电品牌伊莱克斯数百万台（套）的空调贴牌生产订单。董明珠曾表示，格力在海外的发展，是想输出好的产品和品牌，让全世界的人都信赖格力空调，就像人们信赖奔驰、宝马汽车一样。

2011—2012年是格力电器大举进入美国市场的年份。2011年6月18日，格力电器美国分公司在美国加利福尼亚州工业市成立，正式进军美国市场；2012年3月16日，格力形象广告片在被称为“世界十字路口”的纽约时代广场的大屏幕上亮相。董明珠向媒体强调：“我们的产品不仅要大量出口，而且要被国外消费者当作高档产品。”

品牌“走出去”，最重要的支撑因素就是技术，因为没有好的技术，单纯的广告宣传提高的只是产品的知名度。董明珠表示：“格力的国际化，我认为不是简单的数字，不是赚了多少钱，或者销售额有多少。我觉得更有价值的是自己品牌的‘走出去’。”对于企业的可持续发展来说，只有技术实力才能奠定品牌位置。基于这种理念，格力电器国际化的每一个足迹和发展，都是品质和技术实力的彰显。

对品质的坚持成就了格力在海外市场的成功。2013年，尽管国际市场乏力，格力海外销售额依然达200多亿元，成为屈指可数海外市场增幅达20%的家电企业。不仅如此，格力中央空调还得到了众多高规格国际赛事的青睐，连续中标2010年南非“世界杯”主场馆工程、2014年俄罗斯索契冬奥会配套工程等。

格力公司的官网显示，格力的自主品牌已经进入了美国、法国、意大利、西班牙、菲律宾、澳大利亚、巴西、俄罗斯等 160 多个国家和地区，全球用户超过 3 亿，并在海外开设了多家销售公司以及 500 多家专卖店。

第 5 章

坚守"工匠精神"，践行"技术创新"和"专业化"

经过改革开放四十多年的发展，我国经济特别是中国的制造业，正在努力摆脱低端竞争的格局，朝着中高端的目标迈进，"工匠精神"正是"中国制造"亟须补上的"精神食粮"。从中国经济转型升级的角度看，中国需要多一些董明珠这样具有"工匠精神"的企业家，更需要格力这样有着"工匠精神"基因的制造企业。

心中有“工匠精神”，产品才能够成功

世界级产品的灵魂是什么？为什么格力空调、华为手机这类顶级产品还在精益求精不懈追求完美？支撑一家企业不断追求卓越的根基是什么？

答案就是“工匠精神”。

“工匠精神”是一种创造的精神，是一种促进世界更快发展与进步的工作精神。它代表着精益求精、坚定执着、踏实认真、一丝不苟、专业专注等优秀品质。虽然工匠不一定能成为成功的企业家，但成功的企业家身上一定有“工匠精神”。

“工匠精神”的巨大力量早已经过了历史的检验。据统计，截至2012年，全球寿命超过200年的企业，日本有3146家，为全球最多，德国有837家，荷兰有222家，法国有196家。这些企业有一个共同的特点，那就是他们都在传承一种精神——“工匠精神”。

2016年，我国的《政府工作报告》明确提出：“鼓励企业开展个性化定制、柔性化生产，培育精益求精的工匠精神，增品种、提品质、创品牌。”

自从“工匠精神”在政府工作报告中被提出之后，这个词便迅速引发社会

各界人士的高度关注与热议。作为“让世界爱上中国造”的最强音，董明珠不仅严格要求格力践行“自主创新”理念，对于“恪守工匠精神来研发产品”更是有着近乎偏执的追求。

那么,董明珠到底是如何理解“工匠精神”的呢？与大多数人对“工匠精神”的泛泛理解不同，董明珠明显更胜一筹，她说：“大部分人认为工匠精神就是把一个产品做到极致，这确实是工匠精神。但怎样把产品做到极致？更重要的是心态——你的心中具有工匠精神,你的产品就一定能做成功。”董明珠还指出，格力未来每打造出一款产品，都要让消费者一看就能认出是格力的。“把企业文化融入产品中去，别人不可能模仿，不可能跟你一样，这就要求你要有工匠精神，你不但能把它想出来，你还能把它做出来。”

有了“工匠精神”，董明珠对格力的发展也显得很有信心。她说：“格力从空调转型到智能装备，仅仅三年时间，产品已经覆盖到生活电器、手机、工业机器人、智能装备等多个领域。格力电器将会始终坚持专业化的管理、专业化的研发、专业化的生产，格力在每一个领域都要像格力空调一样——不仅做到中国第一，更要朝着世界级的目标努力。

格力的“工匠精神”除了在空调生产上有着集中体现外，在格力手机2代上也表现得极为突出，尽管这款手机的销量非常惨淡，但并不能掩盖这一点。

众所周知，为了控制成本而选择代理加工在手机行业是十分普遍的事情，连苹果手机也不例外,但格力手机2代却并没有这么做。为了保证手机的品质，从外形设计到硬件和软件，再到自建生产线、自主开发手机模具，格力完全坚持自主创新,从源头上牢牢把控手机的研发、设计和制造品质。在董明珠看来，为了保证品质，哪怕付出再多成本也在所不惜。

在格力手机2代的研发上，董明珠对细节十分看重。比如，格力手机2代是大屏手机，那么，如何使大屏不易破碎？为了解决这个问题，格力在手机工艺上做了几处优化，使手机屏幕与边框保留0.1mm的落差。这0.1mm的落差虽然无法用肉眼看到、用手摸到，但正是因为有这个落差，使得格力手机 2 代在跌落测试中，获得了市面上绝大多数大屏手机所无法达到的抗摔效果。这 0.1mm 落差的背后，是格力手机设计团队上千次的修正和测试，是董明珠对“工匠精神”的倔强坚守。再如，大屏手机一般都有持握不适的问题，如何解决？对此，格力早有准备，据某研发人员透露：“当初在设计格力手机 2 代的时候，特别要求要考虑大屏手机的持握感，董明珠觉得大屏和舒适持握并不是非此即彼的关系，所以，设计团队在经过无数次的试验和测试后，终于找到最适合手部持握的边缘弧度。”

“不至极致，不以谓工匠”。在格力手机 2 代的研发制造过程中，像上面这样对细节极致追求的地方还有很多，其背后都完美体现着格力和董明珠的“工匠精神”。

这种专业化的理念以及争做第一的态度，正是“工匠精神”的一种体现。就像董明珠说的：“不断去探索，不断去创新，不断地向消费者提供严谨优质的产品，‘工匠精神’必将引领中国制造升级。”

踏踏实实做事的“工匠精神”

董明珠无疑是寂寞的，至少在中国的制冷工业界。董明珠一直把踏踏实实做事的“工匠精神”作为格力的发展信条之一，但真正能和她一样，读懂这种“工匠精神”，坚持这种“工匠精神”的人，又有多少？

有一段时间，董明珠非常喜欢读《亨利·福特自传》，因为这本书的扉页上有一句话——“消费者是我们工作的中心所在，我们在工作中必须时刻想着我们的消费者，提供比竞争对手更好的产品和服务”。这句话，让董明珠颇有觅得知音之感，于是决定好好地读读福特，读读他的人生。

《亨利·福特自传》写的是福特一生的起起落落，从他的出生一直到第一辆福特汽车的诞生，在创业过程中，福特经历了许多艰辛，也体味了许多常人无法理解的快乐。董明珠非常喜欢书中执着得有些傻气的福特——他不断地离开一份又一份稳定的工作，离开父亲的农场，不断地研究、实验、再研究、再实验……如此的艰辛只是因为他喜欢机械，有一个制造汽车的梦想。在许多人看来，只有傻子才会放弃安逸的生活去追求一个无法承诺财富的梦想。但或许是性格使然，董明珠总觉得事业是实实在在干出来的，至于宗旨和理念是人人都可以说的。在董明珠看来，不太聪明也许正是成功的开始。阅读《亨利·福特自传》后，董明珠的这种想法得到了更确切的验证。也是基于同样的原因，很多人无法理解格力在很长时间内坚持只做空调不搞多元化的战略。这一切之所以难以理解，是因为人们都太聪明了，用福特的话说，“这往往就是聪明人做事的方法——他们如此聪明和现实，以至于他们总是知道为什么某些事情是做不到的，他们总能知道事物的局限性”。正是这种聪明，让许多人总能为自己描画一个舒适的未来，一个不需要太艰辛也能小有收获的未来。他们对人生不会怀有伟大的梦想，只需生活安逸即可；他们做企业也不会感到社会责任的沉重，能赚到钱即可。所以，在聪明人居多的美国，只有一个发明汽车的福特。而同样，在快速发展的中国工业界，也很难找到与董明珠、与格力惺惺相惜的同行知音。

在福特生活的年代，许多人都从杂志上知道了“自动发动机”，但这只引起了人们的兴趣而非热情。没有人对它进行研究和实验，除了冒点傻气的福特。福特先是弄清了发动机的原理，然后有了制造双缸发动机的构想，之后在1892年成功造出了他的第一辆汽车——他的执着精神成了他成功的开始！

董明珠说，她可以想象年轻的福特如何在自己的小车间里不断地研究、实验，凭借着不多的资料，摸索着将一个个别人从来没想过的构思变为现实。她也可以体会他的快乐和艰辛，这是每一个从事工业的人必经的心路历程。

工业与商业是不同的。这是一座用思想与汗水、一个零件接一个零件构造起来的大厦。大厦的高度，取决于地基的牢固程度。因此，侥幸与投机在这里都不管用，只有秉承一种“工匠精神”，朝着理想一步一个脚印地前进，才能走向未来。

一百多年前，福特因为执着的“工匠精神”而成功；一百多年后，董明珠领导下的格力同样因为“工匠精神”而成功。

格力这么多年的发展历程让董明珠深刻体会到，企业想发展不仅要具备核心竞争力，更需要一种灵魂性的东西来充实企业的精神文化。

从董明珠个人的商业实践来看，尽快推动企业发展的精神动力从“商业精神”向“工匠精神”转化，就是当前中国企业发展的一项重要过渡，也是企业迫切需要实现的任务。

改革开放至今，中国的大部分企业长期用“商业精神”来指导企业和市场的发展，什么赚钱做什么，完全用利润的标尺来衡量企业发展。但这把“利润的尺子”把企业推向了追逐利润的沼泽，价格战、同质化、产能过剩等都是“商业精神”带给中国制造企业无法逃避的后遗症。

纵观世界经济发展的历史我们不难发现，那些长期领导行业发展的伟大企业，从表面上看似乎是在“商业精神”的指导下，实际上，其发展核心动力就是一股“傻劲儿”和“吃亏的精神”。如果没有当年福特坚持只做汽车不做金融的“傻劲儿”，就不会有今天的福特汽车；如果没有比尔·盖茨放弃房地产暴利不赚，专心于软件产业的“傻劲儿”，就不会有今天的“微软”。所以，真正能支撑一家企业走向未来的，不单是技术，还有精神。这种精神就是“工匠精神”。

董明珠所理解的“工匠精神”，是指少说空话，多干实事，全心全意关注消费者需求，主动承担社会责任，用企业的力量推动社会发展，所有行为都必须抱着对未来负责任的精神。有了这种“工匠精神”，就可以把人的力量和智慧无限地聚合起来，实现最大限度的自主创新，创立民族品牌，推动中国的制造业和经济向前发展，并与世界接轨。

在董明珠心中，真正有志于从事工业的人，必定是“工匠精神”的实践者，即有理想、有抱负、有社会责任感，愿意为了这些而放弃眼前的利益。真正有志于从事工业的人，会把推动社会进步作为自己事业的核心，而非简单地获取利润。当代中国要发展，需要的就是这种真正从事工业的人和他们的“工匠精神”。他们获得利润，但并不仅仅为了获得利润！他们的利润来自通过自主创新而实现的核心技术的发展。

董明珠自认为不是一个聪明的人，不太会衡量所谓的得失，只一味地朝着认定的方向前进。对她而言，格力的方向就是她的方向，就是制造出中国乃至世界的好空调的方向。她希望格力空调能成为世界上叫得响的品牌，能让中国的空调业在国外同行面前挺直腰杆。为了这个目标，格力在很长一段时间内只做空调，不给自己留一点后路；为了这个目标，格力建起了中国最大的空调实验中心……

董明珠坦言，自己不知道还要放弃多少、付出多少才能完成格力的梦想。但她明白，只有坚持“工匠精神”，勇敢地走下去，才有可能始终保证可持续发展。

给自己“挑刺”，对产品追求完美

在董明珠看来，格力的“工匠精神”的一个主要内容就是：做好每一个细节，生产出让消费者最满意的产品。更深一层地讲，就是要不断挑战自我，不断给自己挑刺，对产品追求完美，力求达到与消费者的无缝对接。

2016 年“两会”期间，北京的一场饭局引起外界的普遍关注，在这场饭局中，一款中国企业制造的电饭煲“战胜”了众多国外知名品牌的电饭煲，煮出了参加饭局之人公认的最好吃的米饭。有人评论说：这一次，从“一碗饭”看到了国货自强，从“一只锅”重新信任中国制造。这家企业就是格力电器，这款电饭煲就是格力电器的呕心沥血之作——格力大松 IH 电饭煲。

这款电饭煲问世后，迅速引起人们的热议，被贴满了“最强国货”“励志锅”“情怀锅”等标签，赢得了国人对中国制造的信心。事实上，这款电饭煲的诞生过程充分验证了董明珠和格力电器“对自己挑刺，对产品追求完美”的“工匠精神”。

生活中，我们应该注意过这样一种现象，每逢节假日，都会有数以百万计的中国游客选择出国游，“席卷”国外各大景点和购物点，像电饭煲、马桶盖这类热门商品经常被他们买到断货。中国游客的这种购买狂潮，使得许多外国商家屡屡创下销售额纪录，以至于将中国游客戏称为“会走路的钱包”。著名财经作家吴晓波有一篇《去日本买只马桶盖》的文章曾在微信朋友圈广泛传播，文中就将中国游客到日本买电饭煲、买马桶盖的疯狂刻画得淋漓尽致。

“我们这么一个制造大国，为什么造不出让人心动的产品？”这种现象也深深地刺痛了董明珠的神经，“格力能造出享誉世界的好空调，难道就造不出让国人满意的电饭煲？我觉得很遗憾，也很悲哀，中国没理由连个电饭煲也做不好。”从此，董明珠下定决心要把国产电饭煲的品质提上去，让国人不用出国也能用上好的电饭煲，以此重建国人对中国制造的信心。至于为什么不制造另一个国人疯狂抢购的产品——马桶盖，董明珠也给出了原因：“现在暂时还不考虑做智能马桶盖，格力不应该把别人的饭碗都抢了，因为我们有更多高端的东西要做。”

董明珠做事向来是雷厉风行，有了造出让国人满意的电饭煲的想法后，她便立刻采取行动、付诸实施。为了造出一款先进耐用而且能蒸出好吃米饭的电饭煲,她专门组织了一支研发团队。2012 年,格力大松 IH 电饭煲在正式立项后，迅速进入研发阶段。

2012 年，孔进喜从华中农业大学研究生毕业后进入格力，随即被董明珠委以重任，和其他 3 名有研究生学历的工程师组成大松 IH 电饭煲研发团队。四年时间，这支小团队只做了一件事：煮米饭。就是每天用不同的米实验，琢磨着如何让电饭煲煮出更好吃的米饭，他们先后用 20 多种不同品牌、不同地域的大米做实验，用掉的大米高达 4.5 吨。

煮饭，这个看上去最简单的事情，在团队的研发人员的眼里却有着非常深奥的学问，在接受某媒体采访时，孔进喜这样诠释道：

米饭在理想的温度控制曲线下煮熟才能达到最好的状态。煮饭小分队通过反复观察，并科学测试包括质地、口感（硬度、黏性、弹性、咀嚼性）的变化，以及化学营养指标（水分、蛋白质及淀粉含量）的变化，从而找到煮饭的科学温控曲线。

为了弄清米饭口感与蒸煮参数的相关性，我们还用不同的蒸煮参数去研究同一种大米，平均每天要煲20锅饭，反复对比不同的电饭煲蒸煮参数对同一种大米产生的不同口感，最终探索出电饭煲的最佳蒸煮参数。

不仅煮饭的过程异常严谨，在格力大松IH电饭煲研发出来后，为了保证测试结果的严谨性，技术人员还专程邀请中国质量协会做了第三方测评，结果表明，格力大松IH电饭煲煮出的米饭不仅含水量适中，关键营养指标粗蛋白含量也超出了国外的三个知名品牌。

在通过多次产品内测后，这支研发团队拿着“精益求精”的大松IH电饭煲去参加终审会，本以为会得到夸奖，可出乎意料的是，董明珠却挑出了不少“刺”。

挑刺一：开盖按键弹力太大，需要做柔化处理

在格力大松IH电饭煲的终审会上，董明珠先是按了一下开盖按键，结果，电饭煲的顶盖快速上翻，受上翻作用力的影响，整个电饭煲也随之跳动。随着电饭煲顶盖的反复开合，整个电饭煲不断跳动，董明珠生气地说道：“你们这是要给消费者做一个会跳舞的电饭煲吗？这电饭煲都站不稳，很明显是弹簧弹力没有调好，你们去拿几个外国品牌的电饭煲来，我就不信国外的电饭煲会跳舞。”

随后，技术人员很快拿来了三款外国知名品牌的电饭煲，测试表明，这三款电饭煲的顶盖打开后，都没有出现跳动的现象，而且开盖过程非常平稳。

董明珠于是马上向技术人员提出要求，必须从结构、用料、测试、生产、质检等环节全面升级，保证格力大松IH电饭煲的顶盖能够平稳打开，同时，还要确保顶盖与锅身闭合的严密性。

挑刺二：拉丝工艺需要“镜化”

在挑出格力大松IH电饭煲“跳舞”问题后，董明珠又发现了产品外观上的不足，对不锈钢接水盘的表面运用拉丝工艺提出了质疑。董明珠说：“不锈钢金属拉丝工艺一点都不高档，而且拉丝工艺本身有凹凸纹理，消费者清洗残渍特别麻烦，为什么不换成高档又易于清洁的镜面抛光工艺呢？”

对于董明珠的“挑刺”，研发人员表示，镜面抛光工艺尽管可以让不锈钢接水盘的表面光亮，但在生产过程中很容易划花，会增加生产成本，对生产管理要求极高。董明珠指出：“能不能解决是你们的事情，不能因为你们做不好，就委屈消费者去买个次品，如果连一个镜面抛光工艺都处理不好、管理不好，格力大松 IH 电饭煲就不用出了！”

挑刺三：缝隙太大需要优化

在对外观进行“挑刺”后，董明珠接下来又发现电饭煲内部 IH 加热底盘和钣金件之间的间隙太大。董明珠指出，格力不能只将消费者看得到的地方做好，消费者看不到的地方同样需要精益求精。董明珠说：“电饭煲内部 IH 加热底盘和钣金件之间的缝隙是电饭煲整体设计、制造精度的体现，可能你们认为现在已经比国标高了，但是，消费者的诉求才是你们需要实现的，超越外国品牌的标准才是你们要去追求的，大松 IH 电饭煲的接缝必须控制在 0.5mm 以内。”

除了以上三个“刺”，董明珠还假想了各种“刁钻”和“极端”的使用可能性：“如果我把电饭煲放在倾斜的表面它会不会滑下来？”“如果我拿去海拔高的地方煮粥会不会溢出来？”

在董明珠不断“挑刺”之后，格力大松 IH 电饭煲的模具、钣金、生产、工艺、质控等多个部门在产品终审会上成立了“十日攻坚小组”，几番提升之后，最终成就了格力大松 IH 电饭煲的精工品质。

对于自己的“挑刺”之举，董明珠直言，格力的“工匠精神”就是“挑刺”精神，她说：“从生产到成品的整个过程都应该有追求完美的工匠精神。如果中国企业具有了工匠精神，我觉得去国外抢购电饭煲、马桶盖的事件就不会发生了。格力做电饭煲，就是想通过自己的努力，改变某些‘中国制造’给人们留下的那种劣质无良的印象。”

在董明珠看来，不仅是格力电器，要想改变消费者对中国制造的不信任状态，中国制造业就必须坚持发扬一丝不苟、精益求精、踏踏实实的“工匠精神”，所有工艺都必须按照最高标准去做。企业必须做到对产品负责；企业家必须发扬“鸡蛋里挑骨头”的挑刺精神，对产品追求完美。

事实上，正是通过这种“给自己挑刺，对产品追求完美”的“工匠精神”，格力空调才成为中国制造的担当，董明珠也才成为中国“工匠精神”的杰出代表。如今，开始走多元化之路的格力，也正在将这种“工匠精神”的基因从家电领域延伸到其他各个项目中。

绝不要拿消费者当试验品

“好空调，格力造”，这是很多人都耳熟能详的格力广告语；“诚信、责任、奉献、吃亏”，这是让格力的诚信形象驰名中外的经营理念；“不拿消费者当试验品”，这则是让格力的口碑红遍全球的“工匠精神”。

所谓“不拿消费者当试验品”，就是要把空调产品的服务强化在售前售中，实施“零缺陷工程”，把问题消灭在“可能性”中，实现服务目标从事后补救向事先预防的转变。需要指出的是，格力电器在20世纪90年代初期就开始推行“零缺陷工程”，目的就是实现产品没有重大设计、制造、原材料缺陷，没有重复发生的质量缺陷，没有零部件的缺陷。总之，在产品的方方面面，都要力求做到“零缺陷”。

董明珠认为，空调服务更重要的是售前和售中服务，只要把售前的设计和生产质量、售中的运输和安装质量控制好，售后的维修服务就没有存在的必要，而实际上，售后维修服务只是对消费者的一种麻烦和骚扰。

朱江洪也说：“我绝不允许格力电器任何一个人拿消费者做试验品，我对格力空调的品质要求是100%放心。尽管业界和市场评价格力产品质量好，返修率仅为千分之二不到，海外仅为万分之二，几乎为零，但我必须亲自看一看才放心，不然睡不着觉。”

1994年，朱江洪到意大利考察格力的出口空调，经销商说有用户反映格力空调开动后有噪音问题。朱江洪立马赶到用户处，现场亲自开机检查，原来是出风口的泡沫胶只压贴了两头，中间虚贴，开动后哗哗作响。事虽小，但却严重影响了格力空调的品牌声誉。朱江洪回国第一件事就颁布了总经理禁令十二条，并以泡沫胶事件为突破口，严查产品质量的细枝末节。

在董明珠与朱江洪的领导下，格力始终坚持“不拿消费者当试验品”的“工匠精神”，坚持实行“精品战略”，把产品质量当作打造百年企业的基石。

在格力电器，从设计产品的源头到采购、生产、包装、运输以及安装、服务等全过程，都实行严格的质量控制。在格力人看来，“质量管理没有人情可讲”。为了在设计开发的源头控制质量，格力在设计开发过程中要求经过“三层论证、四道评审、五方提出”；对于每一个新产品都要求经过上百种验证和各种模拟真实恶劣环境的长期试验；成立筛选分厂对外协外购零部件进行“精挑细选”；对生产工序和工艺操作进行合理配置和规范要求，严格执行产品工艺质量要求；利用科学的信息化系统掌控产品质量动态；出台“总裁禁令”“八严方针”，狠抓质量工作；等等。

1996 年，市场上开始推出变频空调，并很快受到消费者的欢迎，众多厂家为了抓住机遇，纷纷出手，急功近利地将在技术上还不成熟的变频空调投放市场，结果“死机”现象出现在众多厂家生产的空调上，只有格力不在其中。原来，在众多厂商纷纷抓“机遇”的时候，格力还在努力提高自己的产品质量：同是一片风叶，要研究如何使它的风量更大，噪声更低；同等输入功率前提下，制冷量力争比同行多输出，哪怕是 0.1 瓦，以增加能效比。

格力的变频空调生产出来后，首先是在格力驻各地办事处开始使用，经销商见了后，出于对格力的信任和消费者对格力的认可，纷纷打电话向董明珠开口要货，但董明珠依然坚持“不拿消费者当试验品”，认为这种空调还不够成熟，需要反复研究测试，不能急于推向市场，因此拒绝了经销商的要求。

有经销商说董明珠太傻，说格力痛失良机，但事实证明董明珠的选择是对的。2000 年，格力变频空调隆重推出，凭借其卓越的性能和质量一举获得了消费者的普遍赞誉，后来居上，牢牢占据了变频空调的王者地位。

2006 年夏天，重庆遇到了 50 年一遇的高温天气，气温最高达到 44.5℃，连续 96 天大旱。超高的室外温度，导致很多品牌的空调出了问题，只有格力空调没有丝毫怠工，没有任何使用问题，为重庆人民送去了难得的清凉。

原来，按照国家标准和国际标准，一般的空调普遍针对的是最高气温在 43℃的温带气候而设计的，而格力空调的设计标准则是在常年最高温度 52℃的高温气候环境下也能正常使用，如此，重庆的高温对格力空调自然不会造成什么负面影响。

这种高标准的设计除了依靠严格的质量管理，还需要十分重视零部件的产品质量，格力为此建立了行业内独一无二的筛选分厂。格力这个筛选分厂不直接创造效益，进厂的每一个零配件，都要经过各种检测，合格后方能上生产线，连最小的电容都必须经受严格的测试。组建筛选分厂结果是格力空调的可靠性、稳定性大大提高，维修率大大减少。

正如董明珠所说："我有一个 1000 多人的筛选厂，是不产生直接收益的，这 1000 多人一年平均工资是 3 万元，1000 多个人就是 3000 多万元，我坚持要投入到这里面去。投入干什么？所有的零部件进来的时候，我们要进行全检，最早是抽检，后来我们发现抽检不行，也不能保证 6 年产品不坏，而是要进行全检，这叫货真价实。我用我最真诚的东西去感动别人……"

格力此举使其产品质量大大超越了国家标准，也超过了国际标准。行业的竞争门槛就此被抬高，一大批质量不过关的空调企业在重重压力之下不得不退出了空调行业，一些较有竞争力的企业也开始向格力的标准看齐。

正是有了格力这样的"不拿消费者当试验品"的龙头企业，空调行业才避免了彩电等行业长期单纯依赖价格战形成的恶性竞争，一直在正常轨道上运行。对此，董明珠自豪地表示，能够将空调行业带到正常的轨道上，这也算是格力对中国家电制造业的一个贡献。

埋头做事，绝不投机

在商业活动中，总是有一部分经营者抱有投机心理，想通过投资一夜暴富，其实，这种想法是不切实际的。投资作为一种手段、一个运作过程，应当用正确的理念来看待。而且，投资者必经清楚地认识到，投资绝对不是投机。

投资和投机是两个截然不同的经济概念，投资看重的是长期的稳定回报，而投机仅仅是短期内对风险因素的技术性套利。投资追求的是“双赢”的发展路径，而投机在利用风险的同时，创造了更多的经济不确定性。

董明珠向来主张“只对投资者负责，不对投机者负责”。在董明珠的带领下，格力电器充分发挥品牌、资金、技术和人才上的优势，不断开展资本经营和对外投资，不断增强科技和经济实力。早在 1996 年，格力电器的股票就已经在深圳证券交易所成功上市，迎来了一个高速而健康的发展时期。当时格力的每股发行价是 2.5 元。按复权计算，截至 2015 年 6 月，格力电器的股价达到 4550 元，19 年累计增幅 1820 倍。有意思的是，“股神”巴菲特起家时，从 19 岁到 37 岁，资产规模翻了 1000 倍，历时也是 19 年。两者相比，格力的增幅还要超过巴菲特。

2003 年 9 月，全球著名的投资银行——瑞士信贷第一波士顿对中国 1200 多家上市公司进行分析，格力电器被评为“中国最具投资价值的 12 家上市公司”之一，是家电行业中唯一入选的企业，被誉为“中国家电最佳上市公司。”

自 1995 年以来，格力还创造了没有银行贷款的发展奇迹。无论市场淡季还是旺季，格力的经营都处于持续增长的状态。因此每年格力都会有多达几十亿元的资金在银行里闲置着，根本不需要再去向银行借贷。尽管有人说这是一种严重的经济浪费，但在董明珠看来，她宁可闲置这些资金，也不愿把公司赚来的利润拿出去投机。

格力不向银行贷款引起了很多人的关注和争议。在中央电视台 2006 年 8 月的一期《对话》节目中，刚刚参加完“2006 冠军来自中国”高峰论坛的董明珠和重庆力帆的董事长尹明善发生了一场争论，争论的焦点就在于企业是否应向银行贷款。

尹明善认为向中国的银行借钱，其成本属世界最低之一，因此压力不大，比较合算；而董明珠则强调“即使它再低，只要你这家企业去贷款，你就有成本”。情急之下，尹明善说出了“不到银行借钱的企业有点呆，在银行钱借得太多的有点狂”这样坦率的话。

其实，尹明善和董明珠探讨的问题并不在同一起点上，负债的来源并非只有银行贷款等需要支付利息的方式，运用成功的财务措施，完全可以筹集大量无息的资金供应企业发展所需。当董明珠直言“再低成本的银行贷款也有成本”的时候，她所领导的格力电器已经找到了“零成本”的资金来源——来自上下游企业的应付和预收款项成为格力电器最重要的负债。不要以为董明珠是“不会借钱的企业家”，她是善于“借鸡下蛋”的负债经营高手。

董明珠十分看不惯一些上市公司的投机作假的行为，认为上市企业一定要兼顾社会责任，要有大局思想，实实在在地把企业做好，对股民负责任，给股民合理的分红，这才是一家好企业。可事实上，很多企业上市只是为了圈钱。董明珠对此极不认同，她认为格力上市并不是为了圈钱，而是为了更好地发展企业，使投资者得到稳定的回报，资产得到增值保值。所以，董明珠建议股民：“格力不炒作自己的股票，只把自己的工作做好，在市场上稳步前进。大家买格力股票绝对可以增值保值，值得长期持有。”

表5-1 格力电器截至2018年上市以来分红统计

上市年	1996年
已实施现金分红	19次
累计实现净利润（万元）	10203242.34
累计实现现金分红（万元）	4179221.51
分红率	40.96%

董明珠从来不去关心格力股票的价格是多少，在她看来，股价多少、股票市场的波动都没有太大的意义，格力只要按照自己现在的这种理念努力做下去，其他不必太在意。格力能不能每年实现效益的增长，这是她最关注的。格力电器的原始股已经增值上千倍，可董明珠手上的股份一直没有变化，因为她自认对金融投资没有丝毫的感觉。

董明珠反复强调，假如格力在技术和管理上站不住脚，就不能随便投资。格力更愿意把钱花在技术、科技研发上，更愿意在企业内部管理、在消费者的需求上面去花心思。这样赚钱虽然辛苦，但赚得踏实。董明珠认为，投资领域那种浮躁、投机、一夜暴富的心理，会使企业无法静下心来做产品研发，所以，格力更愿意采取稳健的态度，拒绝投资市场的诱惑。董明珠认为自己并不是一个绝顶聪明的人，不太会衡量所谓的得失，她只会朝着认定的目标一直前进。

在董明珠的带领下，格力的发展一直稳中有进。董明珠指出，企业的发展要遵循经济规律，不能急功近利、投机取巧，投资是为了做事，而不是投机，格力要追求的是未来，是创造事业给更多的人带来实惠，最终实现利益最大化。

PART 3

经营之道：不断去挑战，才能勇往直前

和谐是斗争出来的。格力不但与外面的竞争者斗，更喜欢与自己斗。所谓“与自己斗”即自我挑战。对今天的格力来说，真正的挑战不是对手，而是自己。只有不断挑战自己、超越自己，才能成为永远的领跑者。

——董明珠

第 6 章

和谐都是竞争出来的——董明珠的“暴力”美学

马云曾自信地说“我就是打着望远镜也找不到对手”，董明珠也语气强悍地表示“最大的竞争对手是自己”，这并不是他们太过骄傲以至于目空一切，而是真正地认知到了企业竞争的本质：企业要拥有强大的竞争力，真正的竞争对手只能是自己，企业永远要给自己挑战，成为行业的领导者。这不是喊口号喊出来的，也不是打架打出来的，而是不断挑战自己才能实现的。

斗争，斗争，所有的和谐都是斗争出来的

在目前这个女性地位越来越高、人际关系与沟通越来越被重视的时代，管理也开始流行柔性化。管理大师杜拉克就曾指出："这种时代的转变，正好符合女性的特质。"

很多人就此认为,柔性管理的黄金时代已经来到。但董明珠却反其道而行，奉行斗争的哲学，认为工作中没有柔情可言，和谐是斗争出来的，女性领导不能靠"亲和力"来解决问题。"很多人说女性领导者有一种亲和力，能够解决一些问题，我坚决不同意这个观点，绝对不能说你的温柔可以改变一个矛盾，或是处理好一个问题，这绝对是做不到的！必须要有强硬的决策或者手段"。

"她走过的路，寸草不生。"这是业内对这位格力女将强悍斗争性的最好注解。

董明珠是典型的狮子座性格：性格好斗，不肯认输。如果在战争年代，她绝对会是一名巾帼不让须眉的女将。当然，如此热衷于市场的竞争，也使她常常处于争议和赞美交织的风口浪尖上。

在格力电器的这么多年,性格强悍的董明珠不断地进行着各种形式的斗争。

她与占据垄断地位的连锁巨头斗，与公司里有背景的同事斗，与上层斗，与员工斗。正是这一系列毫不妥协、永不停止的斗争，让董明珠赢得了“她走过的路，寸草不生”这一让人又敬又惧的名头。

先款后货，绝不赊账，这是董明珠做销售工作后为自己定下的第一条商规。在空调行业，拖欠货款是普遍存在的现象，但董明珠却向经销商宣布：凡拖欠货款的经销商一律停止发货，补足款后先交钱再提货。一时间，大大小小的经销商纷纷向朱江洪告状。哪有这样做生意的？有的甚至说：“有她没我。”董明珠的回答针锋相对：“有我没他。”

河北有一家经销商，欠了格力 200 多万元的货款，却依然继续要货，董明珠要求先付清货款再谈。对方告到格力集团，集团领导劝董明珠：“是不是可以补完款，先发货再收钱？”董明珠严词拒绝。对方无奈，妥协说这次先打款，因此打来 100 万元要进货，董明珠不由分说竟然把这 100 万元进货的款项扣下来弥补前面的欠款。客户极为愤怒，领导再说情，没办法，客户再转 50 万元，董明珠再扣 25 万元，碍于领导的面子勉强发了 25 万元的货。不久，经销商东窗事发，所有资产被查封，董明珠懊悔当初应该连那 25 万元也扣下来。董明珠对外放话：“就算别人这样，我格力也偏偏不。即使 100 次撞墙头破血流，我董明珠也要撞 101 次。一定要把欠款这堵墙撞倒。”此后，格力电器再也没有出现过 1 分钱的三角债。董明珠回忆说：“应该控制大经销商而不是被大经销商控制，所有的经销商都应该平等竞争，按照规模上限享受待遇。有一个年销售额达 1.5 亿元的大经销商，来格力要求特殊待遇。考虑到整个经销商队伍的公平性，我不仅没有让他享受到特殊待遇，反而把他开除出格力经销网。”

董明珠把这一切称为“斗争哲学”。“领导的关键是做事的魄力、分析问题和做决策的能力。我在格力干了 20 多年，与市场斗，与人斗，与自己斗。要求太苛刻，太严厉，总会令一部分人觉得没面子，我觉得被人说一声‘霸道’也没什么关系”。

一个喜欢斗争的人，肯定也是一个对待事情极其认真的人，对于一些没有牵涉自己利益的事情，很多人会视而不见，顶多是睁一只眼闭一只眼，好让自己过良心关。但是董明珠绝对不会这样做，任何事情，只要触犯了格力公司的利益，她都会抓住不放。讲求原则，绝不妥协，是她有别于其他很多企业家的最大特点。正是因为董明珠对工作的极度认真和对企业的奉献精神，才造就了今天格力对于产品质量的严谨态度。也正因如此，董明珠赢得了无数人敬佩与爱戴，就像她自己所说的：

我在格力真诚地为企业服务，赢得了广泛的爱戴和关心。只是认真地工作不可避免地要触及某些人的既得利益，自然会招致他们的嫉恨和敌意。爱和恨都是生命对于我的赐予，与他们的较量使我更清楚地懂得如何做人。我的人缘很好，其实这世界上99%都是好人，但是也有个别非常不负责任的人。像这种不负责任的人，如果你不对他严厉制裁的话，这本身就是一个不负责任的行为，所以我有时候讲，和谐是斗出来的。

在强手如林的空调行业脱颖而出

董明珠是一个无法容忍落后的人，她喜欢挑战强者，喜欢享受第一所带来的快乐。纵观中国的空调行业发展史，格力不是率先进入市场的空调品牌，在格力还只是一家默默无闻的家电小企业时，春兰、华宝等空调大品牌就已经在市场站稳了脚跟，当时的格力根本无法与这些大佬相抗衡。然而，经过不断的努力，格力快速扩大生产，很快就跃入国内一线品牌的行列。

1991—1996 年是中国空调产业发展的“黄金 6 年”，在这 6 年里，空调市场急剧快速扩大，市场供不应求；在这 6 年里，中国空调生产企业在经历了激烈的品牌竞争、价格竞争阶段后，又开展了更深层次的销售渠道竞争。

在经过长期的品牌和价格竞争后，空调行业集中度明显加强，主要品牌如格力、海尔、美的、奥克斯等，不仅占有了一半以上的市场份额，而且在品牌知名度、产品技术、质量、性能、价格、服务等方面日益同质化。因此，消费者开始更加关注购物场所的信誉以及购买是否便捷、服务是否完善及时。受这种消费需求的引导，各种销售渠道的效率差异成了市场中具有决定性影响的重要因素。对生产企业而言，谁掌握着规模大、效率高、运作灵活、运营成本低的销售渠道，谁就赢了市场，就能有效地战胜竞争对手。在这场竞争中，面对海尔、美的、格兰仕等强大的对手，格力最终获胜，脱颖而出。

海尔空调公司是海尔集团的支柱企业之一，虽然比格力成立的时间晚，但发展迅速，很快成为中国规格最全、品种最多、技术水平较高的商用及家庭中央空调生产基地，其中海尔中小型中央空调的市场占有率很高，几乎占据了行业的半壁江山。

面对竞争如此激烈的空调市场和如此强劲的对手，董明珠始终是充满自信的。当有人问董明珠海尔公司是否有可能超越格力的时候，董明珠斩钉截铁地回答："海尔超不过我，因为它在进步，我也在进步。"这句话让我们真切感受到了董明珠的霸道与张扬，但我们同样也感受到她有一种能让人肃然起敬的自信。

我国的空调行业一般采用的销售模式有三种：一是沿袭多年的大客户政策；二是区域代理制；三是扁平代理模式。目前格力、海尔、美的三大巨头都在模式二和模式三中摸索出了适合自己企业的营销策略。

海尔集团通过自己的销售分公司——海尔工贸公司直接向零售商供货并提供相应支持，还将很多零售商改造成了海尔专卖店。海尔也有一些批发商，但其分销网络的重点并不是批发商，而是更希望和零售商直接做生意，构建一个属于自己的零售分销体系。在海尔的渠道模式中，制造商承担了大部分工作，而零售商基本依从属于制造商。

海尔模式的优点在于：①能提高企业的利润水平；②能占据卖场位置，有利于品牌建设；③可以实现精益管理，提高市场应变能力；④由于和零售商之间建立了长期稳定的关系，营销成本大大降低。

相应地，此模式的弊端也比较明显：①渠道建设初期需要消耗大量的资源；②收效慢；③管理难度大。

与海尔现有的渠道相比，格力模式的投入较少，由于将经销商的利益捆绑在一起，市场的经销商能建立较为长远的经营思想，促使经销商也为树立格力的品牌形象做出努力。

接下来，我们再分析美的空调。美的集团是一家以家电为主，涉足房产、物流等领域的大型综合性现代化企业集团，是中国最具规模的家电生产基地和出口地之一。

相较格力、海尔而言，美的的渠道模式并不占优势。不过近年来，美的在渠道上有所改变，并部分地向格力渠道模式学习，全力推动以“由产品管理中心转制为区域销售公司”为核心的营销体制变革，真正实现了将经营运作权力下放到各个区域市场，充分激发了一线营销人员的经营活力，极大地提高了市场反应速度，进一步巩固和提升了美的空调的市场竞争力。

美的的优势在于它与渠道成员的沟通是良性的，因此营销成本相对较低，可以部分地利用批发商的资金，充分发挥渠道的渗透力。美的的营销劣势是容易造成价格混乱，渠道的稳定性比起格力、海尔也要差些。

格力、海尔、美的这三家空调企业各有优劣，市场竞争中目前看来也是难分难解，但从未来趋向来看，格力始终保持产品质量，品牌影响力会越来越受消费者的欢迎和认可。

2000 年，称霸微波炉市场、享有家电业“价格屠夫”之称的格兰仕集团宣布携手战略投资者与外资企业，投资 20 亿元进军空调领域，并宣称格兰仕空调产量要在三年内达到 800 万台，要把空调的市场价格砍掉一半。

2002 年，格兰仕副总俞尧昌接受媒体采访时曾扬言，“将用五年的价格战来做到行业第一”，这明显是在向居于行业前三的格力、海尔、美的下战书，格力作为空调业老大，自然是第一竞争对手。

2002—2003 年，格兰仕产品投放市场，销量曾一度打进行业前五强之列，并成为 2004 年中国空调出口的“外销冠军”。但在 2006 年度，格兰仕遭遇兵败，空调销量跌出前十名，连续两年以上亏损经营。对于格兰仕来说，虽然投入巨资在中山建立了产能 650 万台的空调基地，但由于切入市场较晚，在渠道建设方面先天不足，因而要在国内市场获得巨大增长是很困难的。总体来说，格兰仕与格力的距离依然遥远。

经过分析之后我们不难发现，在家电业日趋白热化的竞争当中，与以上这三家企业以及其他空调企业相比，格力这位“单打冠军”的撒手锏就是独特的销售模式。

格力空调的销售模式有着三点成功因素：第一点，淡季贴息返利、年终返利，甚至不定期的模糊返利政策，能够很好地稳住经销商；第二点，格力的“股份制区域销售公司”模式通过相对清晰的股份制产权关系，很好地解决了利益的创造和分享的问题；第三点，格力以朱江洪、董明珠为主导的诚信践诺、制度严谨、执行到位的企业文化的张力，聚拢到了一批大户经销商一起打拼市场。

从目前的市场表现来看，格力在空调行业中可谓是独领风骚。但是，在当今自由竞争的商业市场里，各大品牌都在竞相追逐，不断想超越别人。市场有竞争才有活力，企业只有不断地创新，与时俱进，才能永葆青春。格力保持了多年销量中国第一、全球第一，但要继续保持这个位置，继续扮演领跑者的角色，还是要不断地超越自己。

绝交国美：不轻易妥协，能活得更好

国美黄光裕如今身陷囹圄，可他虽不在江湖，江湖却一直有他的传说。当年，这位一手掀起家电业腥风血雨的“价格屠夫”，驰骋南北，很少遇到对手，国美也在他的带领下一路壮大。在业界，他是出了名的骄傲。可就是这样一个人物，却在董明珠那里碰了钉子，最后还得表示“最崇高的无奈”，对这个女人又敬又恨。

时间追溯至 2004 年 2 月。当时，成都国美电器为了在空调销售旺季到来之前抢得销售先机，在没有征得格力同意的情况下，擅自将格力的一款零售价为 1680 元的空调挂机直降为 1000 元，一款 3650 元的柜机直降为 2650 元。了解国美的人都清楚，这是国美在做促销活动时经常使用的手段，各大制造商为此吃尽苦头，却因为忌惮国美的强大，很少敢站出来反抗。不过，格力的实力和董明珠的强势在业界也是出了名的，何况，在此前，国美已经承诺过不得单方面降低格力空调的价格，所以，这次降价多少有些挑衅格力的意味。

事发时，董明珠正准备赶赴北京参加“两会”，在得知消息后，她对国美单方面的违约行为以及格力被动卷入价格战的事实感到十分恼火，便立即打电话给四川格力销售公司总经理，要求其立即停止向国美供货，阻止四川国美的低价促销，并向格力道歉。在多次交涉谈判后，国美尽管因为合约在身的原因，象征性地向格力道了歉，但黄光裕很快就发出紧急通知，要求国美全国各地的分公司都把格力空调“扫地出门”。至此，电器界著名的“格美之争”全面爆发。

一家是当时已经连续9年占据国内空调销售量第一的制造商，另一家是当时已经有130多个连锁商城的家电连锁巨头。这场对抗的背后，还有两个同样极为强势的企业家——董明珠和黄光裕。两家重量级企业，两位强势的企业家，这种超级对抗一下子就吸引了无数人的目光。

其实，早在2003年4月5日，国美在深圳开展的“买威力，送格力”促销活动就已经让格力很不高兴，以董明珠为首的格力管理层认为此举有损格力的品牌美誉度，涉嫌不正当促销，并有可能扰乱格力在深圳的销售市场。时任深圳格力分公司总经理蔡杰还十分气愤地揭国美的老底：“国美为什么要联合威力来开涮格力？一个重要原因就是因为格力是空调老大，我们一向奉行‘现款现货’的原则，而国美则坚持要‘厂家免费铺货，7天后再结算’，我们认为这一经营方式是对厂家极不公平的。还有一点，国美的进场费少则几万元，多则几十万元，这是一种严重的‘垄断行为’。”格力甚至扬言要将国美告上法庭。但对此，国美似乎并没有当回事。

这次四川国美单方面的降价促销，使双方矛盾彻底激化，面对国美的封杀，董明珠毫不示弱：“国美一天不接受格力的价格原则，格力就坚决不在国美卖场设柜。”董明珠还不屑地表示，“你无非是占有一个地方，你大部分是租赁的房产，如果靠这种经营理念，我到哪里都能搞得起来”。“如果跟国美、苏宁这些大卖场大面积地合作，可能很多企业死得更快。”董明珠说。不得不说，在当时的家电生产商中，董明珠或许是唯一敢说这种话的人。

对于这次的“格美之争”，当时有业内人士分析，国美很有可能是想在空调旺季来临时“杀鸡给猴看”。虽然格力在空调生产领域是“领头羊”企业，但在国美的空调销售中的比重仅为3%~4%，并不是合作最为紧密的上游企业，国美之所以将格力拉出来“祭旗”，短期目的是希望能与格力建立新的供销关系，而长远目的则是“敲山震虎”，让数量庞大的空调制造企业明白：我连格力都敢动，还有谁不能动。国美一旦赢得此战，与其他空调品牌谈判时就会有更多的筹码。

这位行业内人士对国美的真实意图分析得很到位，而对于格力来说，之所以强势地选择以硬碰硬，有两方面的原因：首先，董明珠是个眼睛里容不得沙子的女性企业家，她明白，“格美之争”不仅是双方对产品价格控制权的争夺，还决定着双方能不能“平等”“诚信”地合作。其次，国美尽管拥有强大的实力，连锁店开遍全国，但在格力的销售额中，占的份额却连 1% 都不到。所以，即使不和国美合作，格力的销售额也不会受到太大影响。对格力所占有的优势，董明珠内心非常清楚。

当时，也有些业内人士认为家电连锁商场是主流，董明珠和国美“撕破脸”很不明智。但在董明珠看来，真正好的产品应该有自己的专卖店，这才是大趋势，国际上就是如此。只有那些大路货、低质产品才会依靠大卖场。董明珠说：“格力卖的是品位、是品质，格力要打造成世界级的品牌，成为一个国际精品，那我们就应该走自己的道路。我相信我有能力做到这一点。当然，格力是一家上市公司，我不能随便承诺别人，但是我们内部有个目标，未来的几年，格力的目标就是成为销售 500 亿元的专业化空调企业。”董明珠之所以持这种态度，是因为她早就开始质疑大连锁渠道的销售模式。

董明珠做出如此强硬的反应，让黄光裕很是意外。一般来讲，厂家离不开商家，商家同样离不开厂家，这是一个定律。但是，尽管很佩服董明珠自建渠道的观点，黄光裕还是认为厂家应该更多地强调技术而不是销售。他举了一个例子：松下当初在日本建立了很多自由的营销途径，但到现在看来，几乎都不存在了。从这个角度来说，黄光裕认为国美这样的专业店是家电销售的主要途径，而且这应该是一个大趋势，一个必然的趋势。黄光裕认为自建渠道只是销售方式的一个补充，不可能成为长久之计。

对于黄光裕的观点，董明珠的反应令许多人肃然起敬，因为她对这件事情的看法已经超越了企业利益的局限，更多地是从社会责任的角度去反驳黄光裕，她说：“国美跟格力发生的矛盾，并不是个人之间的矛盾，而是观念的矛盾。

现在要创造和谐社会，发生矛盾时，我认为应该多考虑行为者本身是不是能从自己做起，帮助实现和谐社会。格力始终把消费者利益摆在第一位，而不是今天卖一个低价产品，就认为我的价格最低，我是最好的。现在的商家和厂家都没有暴利，如果都亏损，企业就要倒闭，许多人将面临下岗，这不是大家愿意看到的。企业要对自己的行为负责任，不能赚暴利，但也不能不赚钱，这就是格力与国美之间观点的不同。我希望跟格力合作的人，都能够成为赢家。同时，也给大家提个醒，只要每个人都用诚信对待每一件事、每一个人，那么你就可以是赢家。”

董明珠做企业的理念在此可窥一斑：格力电器不需要占山为王的诸侯，需要的是在满足格力电器发展战略和消费者根本利益前提下的互信互惠，需要的是一支共生共荣、共同将格力打造成为世界品牌的“联合舰队”。

格力与国美的对抗，并不是“蚂蚁斗大象，可笑不自量”。格力并不是一般的制造商，董明珠非常清楚格力所占有的优势：有独特的营销模式，有自主销售渠道。而且，当时的国美也不是全无对手，苏宁、大中、永乐这三家连锁企业也都具有很强的竞争力，一直在与国美抢占市场份额。就在国美清场格力后不久，大中电器就主动找上门来，与格力签下一份包销 1.8 亿元空调的年度协议，预计总销量在 8 万台左右，而上年格力在大中的销售额只有 1000 多万元。此举让黄光裕这位商界枭雄十分恼火，在国美的一次经销商会议上，他直接放出狠话：“其实咱们谁也离不了谁。你若拿我黄光裕平衡我的对手，我就有办法去平衡你的对手。你对我有越大的信任，我就给你越大的信任。你能对我付出，我就带头扶持你的品牌。这就是做事的规矩。”

其实，格力与国美的矛盾冲突，背后是双方不同的销售模式的较量。格力与国美两种分销体制（“新兴连锁销售”和“传统代理商销售”）的矛盾与冲突在双方的经营理念面前是不可避免的。国美是传统代理商的销售巨头，而格力则通过独创的“新兴连锁销售”模式不断验证着自己理念的正确性。这不仅是双方实力的较量，还是新旧观念的较量。

应该说，国美与格力之间的博弈，在很大程度上体现了商业型企业崛起后厂商关系重新定位时所出现的典型冲突，因而也具有标志性意义。但在相当长的一段时间里，制造商与渠道终端之间的“主旋律”将是：在斗争中合作，在合作中斗争。

客观地看待国美与格力的对抗，这事实上是一次“双输”的对抗，格力放弃国美的黄金通路，以自营网络、加强渠道渗透和扶植二、三线中间商来填补国美的空缺，多少有点舍本逐末；而国美搁置格力的金字招牌，以大量二、三线品牌来推动空调品类的业绩成长，也势必心有不甘。基于此，当时就有行内人士分析，国美与格力的冷战迟早会结束，而事实也证明了这个判断。

2007 年 3 月 6 日，国美对外公布的 150 亿元空调采购单上，国内外知名家电品牌如松下、LG、三菱、美的、海尔、志高、长虹、海信、TCL 等几乎都在其中，唯独缺少格力——这个在国内空调市场已连续 10 年保持产销量第一的品牌。这似乎表明国美与格力的冷战将继续下去。可正所谓“山重水复疑无路，柳暗花明又一村”，事情的变化往往出乎人们的意料。一周过后的 3 月 14 日上午，广州国美电器总经理与广州格力总经理的手握在了一起，一份 2 亿元的采购协议被签署。“在商言利”，广州国美电器总经理的话一针见血地道出了双方和解的原因，由此，格力空调阔别三年后再次进入广州国美的 33 家下属门店。此后，在全国范围内，国美各店的货柜上都开始重新摆上了格力的产品。

对于此次合作，格力仍然保持以往不卑不亢的态度。格力新闻发言人表示：“格力没有变，变的是国美。”格力的渠道模式不会变，格力自建渠道的成功经过媒体讨论，又经过实践检验，是不会变的，而且，在平等合作、互惠互利的原则下，格力从不排斥与连锁终端的合作。

双方发言人的话都表现出了很大的灵活性，这让很多人看到了家电厂商与渠道关系缓和的希望。

回过头来看，“格美之争”的焦点在于制造商和零售商谁该拥有定价权。董明珠认为，假如制造商在价格上听命于零售商，那就相当于失去了市场竞争的主动权，没有定价权，应得的利润就无法获得。而制造商没有得到合理的利润，就无法持续进行产品研发投入，没有研发投入，产品质量也就上不去。如此长期恶性循环，中国制造也就脱离不了低质、低价的宿命。

但是，“得渠道者得天下”的观念对人们影响实在太深了，深到没有人对此表示质疑，深到制造商也逐渐习惯于依赖连锁商家进行销售。由于这种依赖思想，他们专注于生产制造，把销售几乎毫无保留地交给了国美和苏宁等大卖场。当然，这也并不是全无好处，如此分工，能大幅削减渠道建设和人员方面的投入，制造商确实省了很大的财力和气力，能够把主要精力用在技术研发和生产上面。

所以，在与国美的合作崩溃之后，董明珠也曾这样分析：

这件事发生以后，很多企业拍手叫好，背后都说董明珠给我们出了一口气。但是我说既然给你们出了一口气，你们为什么跟国美不能进行一个平台上的谈判呢？后来我总结经验，不是黄光裕的问题，是我们企业自己有问题。因为你想依赖于它把你的产品“骗”出去，我认为用“骗”字比较合适。如果你的品质很好，国美不卖，别人一样卖，消费者最终会追寻来买你的产品。但是，我们很多企业却没有意识到注重产品质量的重要性，仅是在交易过程当中把产品推出去，为了推出去不断地在价格上进行较量。最后怎么办？那就偷工减料，进入一个恶性的经营环境。

四处出击：不怕对手多，对手是最好的发展动力

在中国知名企业家中，说起谁的朋友最多，在外界看来并没有标准答案。但说起谁的敌人最多，那人们想起的一般都会是董明珠这位女性企业家。

女性企业家因为性别的关系，多强调以柔克刚，整合产业链资源，把企业带上良性发展轨道。但董明珠讲的却是“棋行天下”，四处出击，将对手当作发展自身的最好动力。

当然，我们不否认，这种作风容易让企业陷入被围攻的态势之中，疲于应对。但硬币有两面，这种作风对于保持企业家自身的危机感、提升企业知名度和关注度却大有裨益。

2013 年 12 月，在央视“2013 中国经济年度人物评选”上，小米创始人雷军向董明珠发起赌约称：“小米如果 5 年内营业额无法击败格力，自己输给董明珠一块钱。”董明珠也不示弱，直接反驳雷军观点并暗指只注重营销的企业难以长足发展，并且还击说：“一块钱不要再提，要赌就赌 10 个亿。”

2015 年，董明珠主动撤销了与雷军的赌约，当然，这并不代表她认输，而是在她看来，小米要进入房地产行业，不符合当初的约赌条件。

另外，董明珠认为她的言论被人为地曲解和夸张了，网络上就流传着一篇《放开那个董小姐》的文章，文章还原了董明珠评论小米的现场情况：在谈与雷军赌局时，董明珠说“我要做手机，分分钟，太容易了”，接着又说“做手机肯定会超过小米”。但被大家传颂的情况是，董明珠说格力做手机“分分钟

灭掉小米”，仿佛是针对小米放狠话。

“看媒体上，让你感觉董明珠好像老虎一样。”董明珠说，“其实称呼是别人的感觉，真的不重要，每个人站在不同的角度，感觉是不一样的。”

但不管怎么说，这位霸道女总裁的确是好斗的。自从1990年进入格力起，因为敢说、好斗的性格，她在家电圈内四处出击，早已经树敌无数。然而，她的这种主动树敌，并不是要结怨于人，其目的是让对手成为格力发展的动力，格力之所以能不断创造奇迹，与这一点不无关系。

除了前面所讲的与国美这个连锁巨头的恩怨，与同行、与经销商、与同事、与上级，董明珠都直面叫过板，甚至对作为“上帝”的消费者，董明珠也直接挑衅，声称全球70亿人，不买格力产品的都是“脑子有病”。而在如今这个颠覆过往一切的互联网社会，董明珠自然也不甘心沦为配角，多次登上互联网头条，其大胆言论，不仅为自己，还为格力吸引到了许多眼球。

2014年12月，小米以12.66亿元入股美的，双方宣布将在智能家居、电商等方面展开全面合作。对此，在针对经销商的一番内部讲话中，董明珠直接开炮，说是“两个骗子的合作”。

小米不是空调生产制造商，与格力本来没有直接的竞争关系。小米主打产品是智能手机，第二个主要产品是电视机。但在董明珠看来，敌人的朋友就是敌人。作为格力的主要对手，美的产品覆盖几乎所有家电、小家电、厨房电器产品，而小米的电视机业务正是美的唯独缺少的。双方的合作让业界期待。特别是美的有传统优势，而小米有互联网思维。双方合作，有利于线上线下整合。这种双方牵手后的可怕前景，正是让董明珠站出来发声的主要原因。

董明珠的此番言论传出后，很快就引起美的的反击，海尔、格兰仕、TCL、长虹等空调企业也趁机向格力发难。董明珠却没有丝毫畏惧，反而顺势宣称要对空调市场展开“清场行动”，扬言把那些烂品牌以及假冒伪劣、偷工减料的品牌消灭殆尽，甚至指名道姓地把美的、海尔、TCL、志高等竞争对手骂了个遍，比如，称海尔的可以吹 15 米距离的空调是“鼓风机”。

2014 年 12 月 29 日，苏宁电器联手国内其他六大主流空调品牌——美的、志高、海尔、海信、奥克斯、长虹，发起声势浩大的“破格行动”，把矛头直指格力，声称要为 2015 年空调江湖奠定格局。

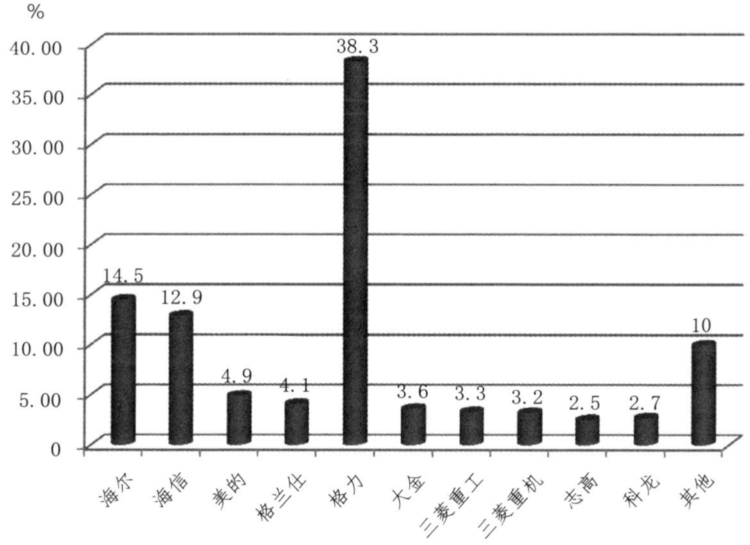

图6-1 2014年中国空调市场品牌关注度比例分布

这种“6+1”围剿一个品牌的情况，在中国空调史上实属罕见。但这当然不是董明珠的“狂言”惹的祸，因为此前对董明珠的挑衅，对手的回应并不强烈，而是略带调侃意味。比如，美的回应“大姐，你玩你的，我做我的，咱们相见不如怀念”，海尔回应“阿姨，不约，我们不约”，志高则回应“女侠，你继续演”。苏宁并没有被董明珠攻击，之所以参加这次针对格力的联盟，除了以往张近东和董明珠的私人恩怨，无非是市场利益使然。

有关张近东和董明珠的私人恩怨，江湖传闻已久。据称，1992 年深秋，董明珠被朱江洪派到南京开辟市场。在南京，董明珠与日后成为家电连锁行业巨头的苏宁创始人张近东相识。两个人在第一次较量中，就在电话里吵了起来。随后，两位当事人多次指责对方“太强势”。在2012年的一次访谈中，当有记者提及张近东评价董明珠太强势时，董明珠当即回应称：“他说我强势，其实他才强势，他比我还强势。”

再回到苏宁发起的这次“破格行动”，可谓是准备充分，用尽心思，尤其是六大空调品牌的战书，在文案上十分厉害，体现了集体智慧和力量，每个品牌各自攻击一个格力的要害，并创造了耐人寻味的“你行我行体”，与董明珠之前点评各品牌空调的语言可谓针锋相对。美的的是：“做梦一统天下，你行！省电一晚一度，我行！”志高的是：“大姐站台，你行！大哥代言，我行！”海尔的是：“侵权盗版，你行！自主专利，我行！”海信的是：“变脸比火气，你行！变频拼冷静，我行！”奥克斯的是：“高价产品玩假摔，你行！高质省钱真功夫，我行！”长虹的是：“十亿任性赌局，你行！十分军工品质，我行！”

对于苏宁联合六大空调厂商的回击，竞争风格向来剽悍的董明珠自然不会怯战，在战略上极为藐视敌人：“你为什么围剿我？我跟你又没矛盾。所以我觉得很好笑，我只不过说了一句大实话。苏宁里面没有我任何一件产品。”

而对于自己之前的攻击，董明珠也一再强调自己说的是大实话：“美的真的不是一晚一度电，消费者也通过起诉，美的赔了人家钱。”而对于到底谁更省电的问题，董明珠用一项新技术来发起挑战：“喊自己节能，你究竟节能不节能？我们搞了一项新技术，3月以后生产出来的空调，我们做了一个新的技术设计，空调打开，就明明白白告诉你，室内温度多少、室外多少、耗电多少——即时耗电。一个月下来，空调（用电）计时、计量。”董明珠再次毫不留情地叫板了一次对手：“我这个（产品）做出来，你要么跟、要么不跟，不跟就证明你一定是耗电多。我们要做有良心的企业，不愿意欺骗消费者。”

说起这六大空调品牌，董明珠攻击最狠的其实不是美的、海尔这样的传统大鳄，反而是新兴势力志高空调，董明珠直接把志高界定为“没出息的企业”。

那么，董明珠为什么会说出这种在很多人看来有些失了风度的攻击性语言呢？

这其中自有原因。

首先，董明珠非常不喜欢的一个职业经理人从格力跳槽去了志高，董明珠曾经十分情绪化地攻击这位职业经理人：“不喜欢你，你就没出息！跳到哪里，哪里就没出息。”

其次，董明珠在志高还“很小的时候”，就对其有看法了。多年前，她就曾经放言要“把志高干掉”，这或许与志高空调的远大志向——“造世界上最好的空调”有关，这个志向显然有向格力空调叫板的意思。

再次，志高在营销上还做了一件让格力和董明珠极为不爽的事情，那就是斥巨资请巨星成龙代言，而时间上则是成龙刚刚停止为格力代言不久。从 2010 年开始，成龙为格力代言的 3 年期间，帮助格力把营业额从 400 多亿元扩张到 1000 多亿元。而志高请成龙代言，无疑对格力造成巨大冲击，原因有二：一是因为为格力代言几年，成龙已成高端空调代名词，志高请成龙代言向高端空调进发，事半功倍；二是将对格力潜在用户造成巨大分流。

最后，格力比其他空调企业高出一等的，就在于那让对手望而生畏的营销大网。对此，志高推出了“全民营销”概念，无论你是不是志高员工，只要你愿意，都可以成为志高代理商，通过网络代理销售志高产品，这种互联网思维正是改变空调行业现有格局的利器。如果志高全民营销的目标达成，那对格力的营销模式无疑会产生巨大的冲击。对此，董明珠自然是无法坐视的。

状告政府采购，输也不能不明不白

拿破仑曾经感叹 :“政治，是近代无法躲避的东西。”在商场，政治同样有不可低估的意义。

经商言利，固然是天经地义，但做生意总不可避免地要与政府部门打交道。可以说，一家企业如果处理好了与政府及主管部门的关系，就能左右逢源，得心应手。否则，就可能与之频频发生摩擦和冲突，甚至被制裁。

同政府关系僵化甚至恶化的公司，是难以发展的，弄得不好，还会亏损，甚至破产倒闭。所以，一般情况下，企业是不会跟政府叫板的。但在董明珠这里却有了例外，她竟然将广州市财政局告上了法庭。

事情起源于 2008 年 11 月 4 日。这一天，广州格力在番禺中心医院 2220 万元采购项目中被评标委员会推荐为“第一候选成交供应商”。这无疑是一个大单，采购方番禺中心医院是广州番禺区历史上最大的公共建筑卫生项目，是广州市的重点建设工程项目，所以，这一单的意义不只是 2200 万元这个数字，其背后还有着十分长远的效益。因此，对拿下此单，格力上下都万分期待。

然后，就在短短的 17 天后，本来最有资格和实力抢到“绣球”的格力电器却让人意外地铩羽而归。此前出价最高的“广东石化”从半路杀出，以比格力足足多出 444 万元的报价一举中标。可事实上，“广东石化”既不生产也不销售空调，之所以和格力竞争这一单，背后应该是有空调厂商参与。后来被证实，的确是有两家空调公司联合广东石化投标，分别是国内的美的空调和日本的大金空调。

此后，格力向广州市番禺区财政局投诉两次均被驳回，采购方番禺中心医院给出的理由是格力空调的投标文件“不符合招标文件中有星号标记的内容(一些具体的技术参数)”，最终确定是一个废标。

就在格力还为投标的事讨要说法期间，番禺中心医院与“广东石化”却在 2009 年初签署了合同，双方一起将生米煮成了熟饭。

于是，广州格力一纸诉状，将广州市番禺中心医院和广州市政府采购中心共同告上法庭，请求法庭责令被告共同承担违法招标的民事责任，连带赔偿格力直接经济损失合计 63862.31 元。

这是一个现代版的《秋菊打官司》的故事。民告官自然很难，但倔强的董明珠却不愿意不明不白地放弃，她为的不是钱，否则也不会只以 6 万多元的赔偿提起诉讼。

这场官司绝不是董明珠一时冲动的鲁莽之举，而是深思熟虑后的不得已行为。官司最终虽然不了了之，但格力能拿起法律武器，状告广州市财政局，本身就已经是赢家了。

这场官司也给企业处理此类不公平事件开了一个好头。

随着政府采购规模的不断扩大，它成了商家必争的一块“蛋糕”，而作为花费着纳税人钱财的这块蛋糕是最应该透明的、阳光的，最应该广受社会监督。对于一再曝出的政府采购“只选贵的，不选对的”的情况，相关部门应不断完善法律和执法，让政府采购更阳光、更透明。政府采购不仅需要格力，还需要更多企业的公平公正“角力”和公平较量，更需要“阳光”的环境。

针对此次政府采购中是否存在“串标、围标”现象，董明珠透露说，“在投标前，广州格力就接到过一家供应商要求‘配合’的电话，我们拒绝了。但回头看，这中间‘串标、围标’的嫌疑很大。招标项目最高限价 2220 万元，广州格力报价 1707 万元，下浮 20%，我们仍有合理利润。但广东省石油化工建设集团公司报价 2151 万元，下浮 3.1%，其他投标人报价下浮分别为 0.5%、2.3%、1.9%。下浮如此之少，不合惯例也不合情理。”

董明珠坦言，格力状告广州市财政局并非是叫板政府，她说：“广州市财政局这种个人行为根本不能代表政府，也没有资格代表政府，它只是破坏政府形象而已。”董明珠还透露，格力电器一直与政府有着密切沟通：“格力与政府利益是一致的，都是努力推动阳光政府采购，维护人民的根本利益。我们的立场跟政府是一样的，就是推动政府阳光采购，将一些见不着光的害群之马赶出市场。”事实上，在格力状告广州财政局之后，格力接到了各级政府领导的电话，都支持格力维护自身权益，希望共同推动政府阳光采购。

显然，格力和董明珠这种勇敢追求阳光的企业公民行为已经得到了社会各界的认同。而支持格力这一次的挺身而出的并不仅是公理，还有一个谁都无法否认的事实——格力在空调领域毋庸置疑的世界级技术水平。诚如董明珠所言：“中国的唯一一个世界名牌不是从天上掉下来的，国家级的技术研发中心全中国就一个，就在我这里，这就是实力。”

第 7 章

坚持正和博弈，和所有人一起走下去

“棋行天下并非一统天下，而是和所有人一起走下去”。这是董明珠的“博弈”之道。在董明珠看来，格力与合作者之间永远都应该是“正和博弈”的关系，即双方通过合作而取得共同利益的增进。有此认知，难怪连马云也会感叹 :“合作跟着董明珠，永远不会输！”

正和博弈：建立新的游戏规则，和所有人一起走下去

在现代商业社会，那些遵守既定规则的人不算是真正的大赢家，真正的大赢家是能够建立新的游戏规则，并且能够随时左右局势的人。无疑，董明珠就是这样一个人，她蔑视所有游戏规则，勇敢地颠覆游戏规则，并以自己的方式重新构建规则，对自己的力量始终充满信心。

建立一种新的规则无疑是艰难的，新规则出来后，想让别人接受更是难上加难。董明珠和格力制定的各种新规则，无论是建立之初，还是实施之后，虽有支持，但也都受到过不同程度的质疑。新规则最终之所以能执行下去，除了规则本身合理之外，还有一个很重要的原因，就是董明珠坚持“正和博弈”。

博弈有零和博弈、负和博弈与正和博弈之分。

如果各博弈方能达成某种有约束力的契约或默契，使博弈双方的利益都有所增加，或者至少是一方的利益增加，而另一方的利益不受损害，从而使整个社会的利益有所增加，此种博弈就是正和博弈。

零和博弈是指参与博弈的各方在竞争中遵循着一个原则，有收益必然有损失，而博弈各方的收益与损失之和永远为零。

负和博弈是指双方冲突和斗争的结果是所得小于所失，就是我们通常所说的其结果的总和为负数，是一种两败俱伤的博弈，双方都有不同程度的损失。

我们先来通过一则寓言故事形象地了解这三种博弈方式。

一只狐狸饿了，到处找吃的，结果发现一口井里有一块奶酪，于是它迫不及待地跨进一只吊桶下到了井底，把与之相连的另一只吊桶升到了井面。下来后狐狸才发现，哪里有什么奶酪，是自己看错了。这时，假如没有别的小动物来救它，狐狸就只能饿死在井中了。等了很久，终于等来一只狼，狐狸就编了一个故事，说井里有块奶酪，是如何美味，我已经吃了一半了，这里还有一半，我邀请你下来跟我共享，就这样，它欺骗狼坐到了井口的另一只桶中，自己顺利解脱困境。

这是一个零和博弈的例子，狐狸跟狼本就是一上一下，结果到最后还是一上一下，狐狸的得益是以狼的损失为前提的；如果狐狸换个做法，觉得我困在井底了，你也别想好受，欺骗狼跳到井里，那么就是负和博弈，本来的一上一下变成了两个都在下；再换个角度，狐狸不是让狼坐到桶里，而是让狼拿一块石头放到桶里将它放出去，再或者狐狸怕狼没有这样的好心，骗狼坐到桶里，自己得救后再找块石头将狼救上来，这就是正和博弈，双方得利。

换个角度思考，就可以将负和、零和变成正和。可现实生活中，大部分人的思维都是零和的，觉得别人得益了就是自己损失了，其实很多时候，利益可以是共同获得的。

董明珠就是这样一位坚持正和博弈的企业家。“面对市场这盘棋，应该如何在一个必须力求走和的棋局里，以步步高招实现正和博弈——不是相克而是双赢。”她说，“棋行天下，并非统一天下，而是和所有人一起走下去。”

正和博弈的首要任务是寻找志同道合者，对此，董明珠说：

企业与企业之间，能不能合作最基本的应该是彼此之间能否达成一个共识，而这个共识的存在是需要前提的，比如说彼此间的经营理念和价值观是否相同，如果经营理念和价值观都不同，那就很难谈得上合作。

“道不同不相为谋”，正因为坚守正和博弈，董明珠在经销商的选择上非常苛刻。早在刚刚担任经营部部长的时候，她就敢于“开除”傲慢的大经销商，并要求所有经销商必须先付款后发货，开创了空调企业没有一分呆账的先例。

不论什么产品，其市场不外乎三个要素，即厂家、经销商、消费者，这三者缺一不可。但哪个要素是最首要的，不同厂家的选择也不尽相同。

在空调行业，有的企业和别的很多行业一样，选择将消费者作为它的“上帝”。这自然不会错，钱在消费者的口袋里，消费者不买你的产品，你怎么也抢不走。因此，这些企业大肆利用广告宣传，利用媒体炒作概念，表现出将消费者当作上帝的经营态度，使得消费者凭印象购买这些产品，也使得商家不得不进它的产品。

但董明珠对此不以为然，相比“消费者是上帝”，她认为“商家是上帝”更符合中国的商情。任何企业，不论你的产品具有多高的技术含量、多好的质量，最终都要通过销售这一环节实现价值。所以，培养厂商共赢非常关键。

随着市场经济的发展，厂商关系呈现出不断发展与转变的态势。最开始的时候是交易型，产品由厂家开发生产，再交给经销商，一手交钱一手交货，商家销售到哪里，已经跟厂家没有太大关系了。到了第二个发展阶段，厂商开始合作，厂家限定商家在某个区域独家代理，双方利益有了不可分割的联系。现在，厂商关系发展到了第三个阶段，双方形成一个战略联盟关系，商家是厂家在某个省的分公司，厂家将该省市场划归该商家，该地区的所有的专卖店由商家来进行拓展。厂家给予商家诸多支持，扶持商家开发当地市场。格力与商家的合作模式就是以此为主，而这也是厂商之间一种正常的关系，是可以赚取更多利益的共赢关系。

在竞争残酷的商战中，董明珠虽然杀伐果决，但在与商家合作方面，却一直倡导“厂商共赢”“和所有人一起走下去”。董明珠曾这样表示：如果说格力在营销方面有什么秘诀，那么最大的秘诀就是不玩花样，厂商平等合作，把靠市场创造效益作为一致的目标。

董明珠绝对不只是口上说说，而且在一系列考验中践行了她的企业家风范。比如，2001 年处理淮地经销商“哗变”事件时，董明珠不惜家丑外扬，果断处理，目的就是维护大多数经销商的利益；2004 年不惜在产品定价权上与国美“交恶”，铁腕宣布退出国美连锁商业卖场，也同样是对所有经销商利益的坚强捍卫，背后是与经销商伙伴求得共赢的一片温情和对这份承诺的坚守。

2012 年，格力电器实现营业总收入 1001.10 亿元，成为中国首家营收超过千亿元的家电上市公司；2013 年，格力电器实现营业总收入 1200.43 亿元，是中国首家净利润、纳税双双超过百亿元的家电企业，家用空调销售额连续 19 年全国第一。这一切的背后离不开商家的支持，而商家之所以大力支持格力，正是源于格力一直以来所坚持的“厂商共赢”的经营原则。

在明确了谁是朋友谁是对手后，董明珠认为要实现正和博弈就必须做到：大家都应该像维护自己的利益一样来维护对方的利益。如果不能维护对方利益，彼此之间的合作也就无从谈起。厂家有厂家的自尊，商家有商家的自尊，都要互相尊重。因此，格力的盈利模式被定义为“只有经销格力赚钱，才能长治久安”。从某种程度上说，这个模式间接衍生了后来格力股份制区域销售公司的“三个代表”——代表经销商的利益，代表消费者的利益，代表厂家的利益。谁敢违反这个新的游戏规则，董明珠就敢跟谁翻脸；而只要上了同一条船，就要“生死与共”。所以，当湖北的“经销商四大家族”面临困难的时候，董明珠没有另起炉灶，把它们从格力的经销商名单上划去，而是组建了股份制销售公司，令“四大家族”拍手叫好。

虽然坚持正和博弈，但人性是复杂的，尤其是在商业社会，利益当头，人随时可能改变，对此，董明珠有着“如履薄冰”的深刻认识。所以，她将格力的紧俏空调品种平均分配，避免大经销商垄断货源，扰乱市场。董明珠做出的解释堂堂正正：一旦经销商拥有了“傲慢”的资本，那么格力和该经销商的结局是显而易见的，那就是“分手”。这显然与“一加一大于二，两个一不是此消彼长而是共同增长”的正和博弈背道而驰。

不仅对经销商，对格力的员工尤其是业务员，董明珠也极为苛刻。在她担任经营部部长期间，手下只有 23 名业务员。她限制业务员的权力：“格力空调畅销，是工人的功劳，是科研开发者的功劳，一个成熟的产品，单单营销业务员拿这么大比例的奖金是不合理的。”格力对业务员的考核不是以销售额衡量，而是看与经销商沟通的工作量，市场调研、价格监督的工作量。

由此不难看出，董明珠是商业游戏规则的一个制定者与遵守者。她属于“有建设性的破坏类型”，而不仅仅是简单的颠覆和破坏。当然，格力电器之所以能够有今天的成就，并不只是因为董明珠制定了一套新的游戏规则，也是因为她在不断地制定新的游戏规则的同时，还坚守正和博弈的经营原则，使得这套规则变得更加稳定和坚实。在坚持正和博弈的前提下，颠覆旧的不合理的游戏规则，制定新的科学的游戏规则，再颠覆，再制定，一次又一次地否定自己和挑战自己，这是董明珠能够带领格力走向成功的一条主要途径。

自建平台，厂商合作离不开好的平台

前文讲过，2004 年，董明珠叫板黄光裕，格力空调和国美电器正式翻脸。之所以敢于和国美决裂，最大的本钱就在于格力独特的销售模式，在于与经销商的紧密合作。

董明珠表示，厂商合作需要一个良好的平台。格力与某些大卖场的冲突，实际上不只是利益的冲突，更多是观念的冲突。究竟是走大卖场还是走专卖店，这不是绝对的。如果合作双方能达成共识，把消费者的利益摆在第一位，把对方的利益考虑得更多点，而不是只顾自己的利益，合作就可以进行；做不到这一点，就没有合作的前提。

说起来简单，可这真不是一件容易的事，我们都知道，中国是一个制造业大国，但在市场上占主导地位的却是渠道，所谓的渠道为王，正是由此而来。对于渠道，众多制造商可谓是爱恨交织，爱的原因是自然因为离了它不行，制造的产品要卖出去，必须有渠道，而恨的原因则是渠道商所给的压力实在是太大了，尤其是渠道被连锁巨头独占时，制造商的利润往往会被压到最低。在这种形势下，摆在制造商面前的选择无非就两种：一种自然就是直接走进大卖场，依靠薄利多销来赚取利润；另一种则是自建渠道，这无疑是一条险路，而且走过的很少成功，像海尔、TCL，都曾在这方面遭遇过滑铁卢。但董明珠通过努力证明了自建渠道这条路能够走得通，而且走得好。

2000 年以后，格力各地经销公司的实力壮大，控制权也随之增强，与格力的“摩擦”多了起来。为此，董明珠采取了强有力的措施，处理了多次经销商的哗变事件。2003 年 8 月，格力开始主动对渠道动手术。第一步，格力首次向广州和深圳分公司注入资金，增持两家分公司的股份，达到控股目的。第二步，格力直接从总部派驻董事长和销售主管，总经理也由新股东担任。第三步，重新划分销售区域，将从化、番禺、花都和清远等分公司直接划入广州分公司，将惠州、东莞等分公司划入深圳分公司。由此，广州和深圳销售公司的势力范围得以扩大。此后，在湖北、安徽、广西也采取了类似方法。

格力渠道建设简单说来是“三级体制”规划，即厂家—厂商联营体—渠道体。其中，厂家是决策层，厂商联营体是执行层，渠道体是格力到达最终消费者的平台和桥梁。格力以专卖店作为主导的零售形态，是想让格力专卖店未来的服务走向专业化、标准化。这种专业化、标准化的要求按照董明珠的话来说就是：“只要某一个消费者在格力专卖店买一台空调，格力全国营业网点都知道他在哪一家专卖店买了什么型号的空调，什么时候装的机，该消费者所购的空调无论什么时候在什么地方出现质量问题，只要打个电话，格力的服务就能即刻到位。”

区域销售公司在品牌以及服务方面的投入按照销售额的比例可以迅速在货款中扣减，这大大增强了经销商投入“品牌与服务”的动力。对于格力品牌而言，更是良性推动。有了品牌和品质做支撑的格力专卖店渠道模式，不仅有利于提升厂家品牌形象，而且专店专营的营销模式有利于整合优势资源，为消费者提供更为周到和专业的售前、售中和售后服务，从根本上保障了厂家、商家、消费者三方利益。

在区域销售公司辖区内，格力空调的终端渠道除了有专卖店，还有家电连锁企业、商场超市，以及批发商、零售商等其他形态，形成以专卖店为主的“多元渠道共存”的销售模式。

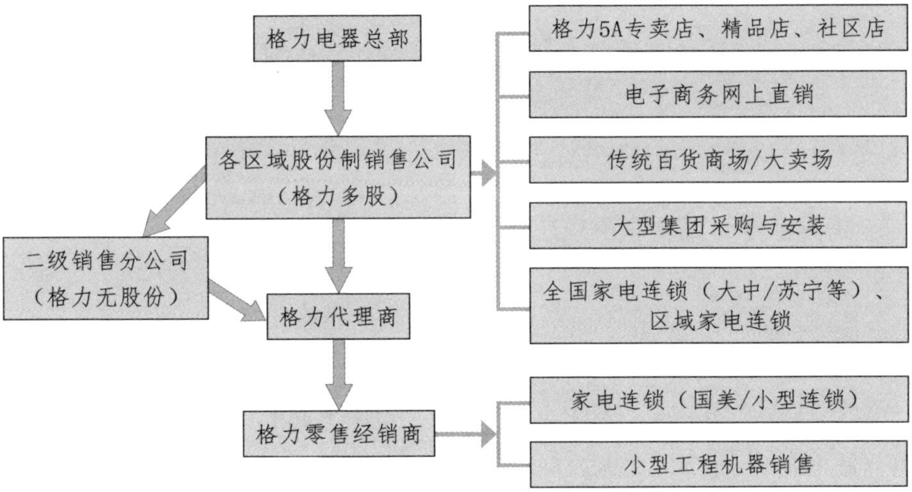

图7-1　格力新型渠道结构

家电连锁企业覆盖中国一级城市市场的 70% 左右，以及二级和三级城市的 30% 左右，因此，虽然在 2004 年，格力“忍痛”割舍了国美，但又曲线实现了与其他家电连锁企业的合作。同时，在区域市场还通过格力电器的代理商进入了苏宁、国美的卖场。对此，董明珠表现出精明的变通：“格力最大的成功在于它能够适应市场的变化。格力选择的是一条能够适应市场需求的路。”

格力空调通过对终端渠道的整合，实现了制造、物流、销售、服务各个环节之间信息的透明共享、风险利益的共担，从而避免了供应商与家电零售企业之间以“价格谈判”为核心的挤压竞争关系，提升了自身对供应链的控制能力。厂商联营的渠道管理模式提高了供应链的整体效率，进而让格力保持了较高的利润率。

跨界合作，高调联手京东商城

2015年的“双十一互联网购物狂欢节”结束后不久，为了迎接之后的另一个互联网购物狂欢节“双十二”的到来，各大电商平台“厉兵秣马”，准备在年底再大干一场，其中尤以京东商城的声势最为浩大！在央视、东方卫视等电视台黄金时段，京东商城与格力电器合作的广告片开始循环播出。打广告并不是什么新奇的事情，两家企业合作打广告也不少见，新奇和少见的是，这条广告是由刘强东联手董明珠一起演绎的。两人用自己的卡通形象做了一条非常“可爱”的广告片，片中，刘强东说“没有互联网，你会明珠黯淡”，董明珠说“没有先进制造业，你是空中楼阁”，片尾两人共同喊出“那我们携手，让世界爱上中国造”。

这条广告在播出之后，很快就引发了众多网友的热烈讨论，网友调侃地说董明珠真的是太喜欢上镜了！个人代言为格力省了巨额广告费，还邀请刘强东一起！另外，这则广告的播出也坐实了格力与京东的强强联合与跨界合作。

强强联合在如今的商品经济市场已经司空见惯，之前，董明珠与王健林就曾携手上镜，为格力做广告。不过，这一次高调与京东商城联手，还是在商界掀起了波澜：两家企业，一家是代表了电商运营模式未来发展趋势的互联网巨头，另一家是以掌握核心科技为目标、力挺中国制造的家电行业“领头羊”。这则创意广告中刘强东和董明珠的话，生动形象地阐述了先进制造业与互联网电商二者之间相互依存的关系，表明了家电业龙头格力牵手电商巨头京东，致力“中国制造”的态度与决心。所以，这条广告不仅宣传了产品，还代表着格力与京东跨界合作，双方联手打造诚信、责任、品质“中国造 + 互联网”的发展战略。

为什么会选择与京东合作，而不是其他互联网企业？董明珠指出，这既是实体企业与互联网经济合作的商业潮流，也是两家企业定位、追求乃至企业文化相互吸引的结果，而且两家企业都坚持“诚信”与“品质”的经营理念。

董明珠认为，中国经济的迅速崛起以及中国制造业的高速发展，尽管保证了我国经济的景气度和财富的增长速度，但并没有给中国制造带来世界范围内的普遍美誉，“诚信”与“品质”仍然是困扰中国制造转型升级的核心问题。对于电商而言也是如此，甚至更加严重，假货横行、诚信缺失正在逐渐摧毁着电商已有的信誉。

作为“中国制造”为数不多的典范，格力电器本着“诚信”和“品质”的企业经营理念,一直以为全世界的消费者提供最完美的产品和服务为奋斗目标。2015 年初，当中国游客在日本抢购马桶盖的时候，董明珠就一针见血地指出，这是在为中国企业的不诚信埋单。诚信与责任，也是她在各个场合一定会宣扬的经营之道。

和格力相比，在互联网企业中，京东也一直坚持“客户为先、正品行货”的原则。发展壮大之后，京东更是建立起了自己的采购、仓储、销售、物流和售后系统。这一套完整的体系，不仅能让消费者快速购买到商品，还能享受品质的保证和优质的服务。“诚信”与“品质”已经成为京东商城有别于其他电商的核心竞争力。

正是“诚信”和“品质”让双方气味相投、相互吸引。刘强东曾在公开场合表示，创业十几年来始终坚持“三不”原则：不偷税漏税、不卖假货、不找“靠山”。这与董明珠所坚持的担当和诚信十分相似。在中国制造业和互联网产业融合的趋势下，这成为他们合作的重要理由之一。

此外，双方的这次合作还有一个很关键的要素，那就是彼此在对方最为需要的时刻伸出了合作之手。随着互联网经济的高速发展，制造业已经无法摆脱互联网的影响，这是当前商界人士的共识，另外，电商平台近年遭受到越来越严重的假货等信誉危机，也需要制造业的鼎力支持。所以，寻找与互联网巨头的合作机会是制造业企业转型的机遇之一，而如何通过有品牌和质量保证的制造业企业提升电商口碑也是互联网平台最为看重的。

2015 年 6 月 24 日，国务院常务会议通过了《“互联网 +”行动指导意见》，明确了推进“互联网 +”。随后，互联网创业成为全民热议的话题：“全渠道 +O2O 融合”等新商业生态加快孕育形成，“电商 + 扶贫”激发农村发展新活力，“消费 + 娱乐”开创快乐消费新模式……“互联网 +”正在以“豹的速度”全面影响各行各业，形成了诸如“互联网 + 金融”“互联网 + 交通”“互联网 + 医疗”“互联网 + 教育”等新业态，带来了诸多新的机遇，提供了广阔的发展空间。

董明珠对此当然不会视而不见，她认为，“互联网是一个先进工具，应该帮助我们提高效率，为制造业插上翅膀”。在互联网发展如鱼得水的时代，实体经济已无法回避电商在渠道上的优势。因此，无论对于京东，还是对于格力，合作都意味着如虎添翼，双方强强联合、优势互补，是一次多赢的合作：对格力来说，这次合作顺应渠道变革的大趋势，抢夺电商销售快速增长的红利，提升“中国制造”的品牌形象；对京东来说，这次合作追求商品的品质、毛利率，塑造高端电商形象；对消费者来说，可以购买到品质卓越、价格优惠的产品；对市场来说，有利于诚信、品质、责任的推行，有利于公平、正当、健康的市场竞争环境的营造。

秉承共同的商业价值观和经营理念，格力与京东的合作似乎是冥冥之中的一种必然。崇高的企业理想、优秀的价值观是比商业模式更重要的品牌力量和发展力量。这正是董明珠呼吁“让世界爱上中国造”的初心。

诚信是完美合作的基础

一个顾客走进一家汽车维修店，自称是某运输公司的汽车司机。“在我的账单上多写点零件，我回公司报销后，有你一份好处。”他对店主说。但店主拒绝了这样的要求。

顾客纠缠说：“我的生意不算小，会常来的，你肯定能赚很多钱！”

店主告诉他，这事无论如何也不会做。

顾客气急败坏地嚷道：“谁都会这么干的，我看你是太傻了。”

店主火了，他要那个顾客马上离开，到别处去谈这种生意。这时，顾客露出微笑并满怀敬佩地握住店主的手，说：“我就是那家运输公司的老板，我一直在寻找一个固定的、信得过的维修店，你还让我到哪里去谈这笔生意呢？”

面对诱惑，不怦然心动，不为其所惑，虽平淡如行云，质朴如流水，却让人领略到一种山高海深。这是一种闪光的品格——诚信。

诚信是商品社会的社会契约之一，是市场经济有序发展的前提，也是企业健康发展的保证。诚信与企业的品牌价值紧密相关，失去顾客的信任，企业的经营将一落千丈。

有位采访者曾询问董明珠：“做企业这么久以来，你最大的感受是什么？”对此，董明珠如此回答：“是诚信。有段时间大家都在看《甄嬛传》，就有人跟我推荐，说《甄嬛传》对于管理企业来说是非常好的教科书，我就看了其中一集。看了以后再也不看了，觉得太可怕了。如果通过钩心斗角来支撑自己的成功，就完全没有诚信可言了。”

董明珠坦言，正是诚信文化，让格力始终保持创新的动力。因为“忽悠了消费者，消费者会抛弃你”，只有真正有创新、高质量的产品，才能留住消费者的心。

目前，我们国家的商业环境并没有到尽善尽美的程度，相应地，企业讲诚信就要付出代价。一家不讲诚信的企业，短时间内可能会牟取到很大的利益回报，讲诚信的企业短时间内可能会吃亏，甚至可能无法生存。就拿空调行业的节能补贴政策来说，能耗越低，补贴越多，可实际操作中谁也没有办法从外观上分辨出来哪个是三级能效、哪个是二级能效、哪个是一级能效，总不能把每台空调都拿去检测吧？所以，这里的不诚信就没有办法约束，就需要凭企业自己的责任感了。格力电器目前已经自主掌握了多项国际领先的空调节能技术，但在市场上卖出去的格力空调里面，还是以二级能效为主，占到了70%。与此相比，一些并没有掌握多少核心技术的空调厂商，卖的产品竟然全部号称是一级的。一级和二级的差别，一个补500元，一个补300元。这些厂商正是凭着弄虚作假牟取了不正当的利益。

这样一看，格力电器肯定是吃了亏，而且是大亏。假如格力也把二级能效全部标注成一级能效，那就能多拿几个亿利润回来。但董明珠认为，这样的补贴格力绝对不会拿，因为格力讲诚信。而且，吃这种亏从长期来看是值得的，使用了格力产品的消费者会不断传播，说用了格力空调就是好，就是讲诚信。短暂的吃亏之后赢得的是整个社会的尊重和信任，格力的市场份额只会越做越大，因此，从长远来看，格力并没有吃亏。

所以说，做企业不能因为受到伤害就放弃诚信，随波逐流。企业家要坚持信念，要讲诚信。长期坚持下去，随着时间的推移，未来自然会得到更好的利益回报。

当然，诚信不只关系着企业未来能走多远，能带来多少利益回报，它还与老百姓最基本的衣食住行安全息息相关，因此，真正有责任感的企业有义务利用品牌的榜样力量为社会诚信体系建设贡献力量。董明珠接任格力董事长后，曾经到一家检测机构拜访，该机构负责人对董明珠表示，今后一定大力支持其工作，什么样的困难都可以帮忙。董明珠听到这种话中有话的暗示，当即表示："我需要的不是你放我一马，而是测量检测格力产品标准的时候，一定要严格要求，哪怕是一丝一毫不到位都要打回去。"事后，这位负责人在万分羞愧的同时，对董明珠也大为佩服，表示这是第一次有企业董事长主动要求他用近乎苛刻的标准对待产品检测。回到企业，董明珠跟格力员工讲，一定要在产品上挑战自己，做到百分之百达到标准，"假如说搞好关系，不达标也给过了，虽然一时过了，商业利益得到了，但这是拿客户利益换来了自己的利益，这种行为是不可取的"。

在董明珠看来，一家企业家最大的诚信是做好自己的企业。唯有做好自己的企业，才能在真正意义上对国家、对社会、对员工负责任。让董明珠骄傲不已的是，本着对国家、对社会、对股东、对消费者、对经销商、对合作伙伴、对员工的诚信，格力抵制住了各种商业炒作与利益诱惑，并始终以坦然冷静的心态潜心于技术创新和工业制造。这种诚信最终推动格力电器走向了商业竞争的"良性循环"，而在格力电器每一次商战的背后，支撑其获胜的也正是"诚信"所创造的正能量。

完美搭档：董明珠与朱江洪

在中国企业界，有一个特殊的现象，就是成功的男企业家背后往往有一个很好的女性事业伙伴，比如杨绵绵之于张瑞敏、孙亚芳之于任正非、刘伟之于史玉柱，又如董明珠之于朱江洪。中国企业家中存在的“男女搭配”现象是中国区别于西方独特的管理现象，也是中国改革开放以来女性进步最显著的标志之一。

“朱江洪遇到董明珠是朱的福气，董明珠遇到朱江洪是董的运气。”这句话准确地界定了董明珠与朱江洪之间的默契关系。

对于这句话，有内部人士这么理解：第一，朱江洪年长董明珠 10 岁，而且朱是男人，董是女人，朱会让着董；第二，朱主管研发和生产，董主管市场和销售，各司其职，减少了很多冲突；第三，董的确有能力，能做出事，而朱又够大度，真正是虚怀若谷。

一个是创始人，一个是铁娘子；一个低调，一个高调。性格相反，但却正好形成互补，朱江洪的包容大度与董明珠的精明能干结合在一起，创造了格力电器的种种奇迹。在很多格力人的眼中，创始人朱江洪就像格力的父亲，铁娘子董明珠就像格力的母亲，他们是一对典型的“慈父严母”。

谈到两人的关系，董明珠如是说：“我希望有一天能超过朱总，我相信他也希望我能超过他；但我还相信，朱总希望自己永远站得比我高，就像他现在是董事长我是总经理一样……格力要发展，离不开我们两人的精诚合作。说句稍微出格的话，如果不是我 1994 年回来帮忙整顿经营部，格力不会有今天。从这一意义上讲，朱总也是幸运的，如果他不认识我，将会是他的一大遗憾。”

董明珠性格强势，容易得罪人，朱江洪是个老好人，处处都能给人留下好印象，让别人乐于与他交流。有些事，需要董明珠的强势，需要她站出来冲锋陷阵，与对手短兵相接。有些事，则更需要朱江洪出面说话或幕后调停，以化解纠纷，保持和气。

朱江洪是工科出身，不太善于表达，但对同事、对部下细致入微，董明珠对此一直很感动。1994 年底，董明珠摔断了肋骨，当时工作紧张，她不想住院，朱江洪知道了，亲自跑到经营部，对员工们说 ：“你们抬也要把董明珠抬到医院去。”下班后，朱江洪还经常去医院看望，常常一坐就是一两个小时，问候董明珠身体康复情况，或谈谈工作。

2003—2005 年，格力电器和格力集团的冲突中，朱江洪遭到了严重诽谤，董明珠也受到各方面的压力，格力内部一时动荡不安，流言蜚语满天飞，人人自危。朱江洪和董明珠坦然面对，团结一致渡过了这场格力电器有史以来最大的难关。

朱江洪和董明珠，很难说是谁成就了谁。但可以肯定地说，如果没有朱江洪的信任和扶持，董明珠不可能走出这么辉煌的企业家之路。朱江洪具有的博大胸怀，充分信任部下、大胆使用人才的魄力让董明珠有了大展身手的机会。无论是早期的“年终返利”“先付款后发货”，还是后来的区域营销网络，如果没有朱江洪的大力支持都是不可能实现的。

如此看来，这二人的合作确实十分完美，可事实上，在具体合作过程中，朱、董二人的成长经历和性格上的巨大差异，时常表现为冲突性极强的画面，争吵更是家常便饭。

“有时候吵得激烈了，就晾一会，各自回去想想。”朱江洪说，“毕竟大家都是为了同一个目标努力。”董明珠也强调 ：“争执才说明对对方更尊重，真正的和谐是通过较量和斗争，最终达成共识。这也是格力文化的不同之处。”

就像朱、董二人自己所说，争吵，是因为他们都对格力发自内心的负责，他们认为这是有益的争吵，不会伤害“革命友谊”。

董明珠坦言，除了争强好胜外，责任感、爱较真儿和奉献精神，是朱江洪和董明珠的共性。“我比较好胜，政府信得过我，把我放在这个位置上，我必须以最大的热情和干劲儿把它做好。第一，自己有成就感；第二，不给上面丢面子；第三，对员工有个交代。”连看最喜欢的韩剧时，董明珠都会琢磨，从韩剧中学习如何潜移默化地教育、感染员工。而这种从生活中不断学习的习惯，也是朱江洪的一个特点。

不仅如此，董明珠和朱江洪还都是十分执着于“工匠精神”“自主创新”的人。朱江洪曾经提出“核心技术是企业的脊梁，创新是企业的灵魂”，后又强调“科技救企业，脊梁兴企业，效益促企业”。而董明珠虽是做销售出身的，却十分重视质量和技术创新，每次和人交谈，最令她兴奋的话题之一便是格力的技术创新，这也让她和朱江洪在思想深处有了共同的语言，在战略方向上也能保持高度的统一。他们的争吵，基本不会牵扯到大方向。

2005 年 8 月，朱江洪送给董明珠一份生日贺礼，是一副由他亲书的对联：献身企业忘自我，棋行天下女豪杰。对董明珠，朱江洪的简单评价是：第一，市场意识比较强；第二，管理意识比较强；第三，责任心比较强。有了这几个优点，完全具备以后掌管格力的条件，作为格力的接班人实至名归。

董明珠自称，从来没想过自己出去创业，没有必要，权力本身不是她的追求，也没想过一个人领导格力。这并不是她觉得做“二把手”很安全，想逃避责任，而是多年来的配合作战，她已经习惯了与朱江洪合作。

2012 年 5 月，朱江洪退休，董明珠出任格力集团董事长。

朱江洪和董明珠这对“完美搭档”给格力打下了一个好底子：2011 年，格力电器营收 835.95 亿元，同比增长 37.48%。2012 年，格力电器只需增长

20%，就可以跻身家电企业“千亿俱乐部”，成为其中唯一的单一品类成员——这一目标果然在 2012 年得以实现。

在很长一段时间里，朱江洪和董明珠这对创造了格力电器不败神话的“完美搭档”被视为商界典范，但是，在朱江洪退休后，两人之间的关系似乎发生了变化。

2012 年以后，每次对外谈到格力电器的业绩时，董明珠都会将朱江洪离任的 2012 年作为对比的时间节点。比如，2015 年做客央视某节目时，董明珠就说道：“格力真正有专利技术是从 2012 年开始的。”有业内人士认为，这是要在格力电器和朱江洪之间实施切割。

2016 年 12 月，董明珠在接受媒体采访时更是自信地表示：“我觉得‘格力是董明珠的’，‘董明珠是格力的’都没错。”

对于董明珠的言论，退休后的朱江洪最初并没有回应，在接受媒体采访时只是说：“这几年，格力跟我没有任何联系，我不评价现在格力的人和事。”不过，在 2017 年出版的自传《我执掌格力的 24 年》中，朱江洪的一些说法却引起了一些风波。在自传中，朱江洪为格力发展过程中的众多事情重新“正名”，被外界解读为“开撕董明珠”。比如，朱江洪写道：“‘没有朱江洪就没有董明珠’，这句话有一定道理，但‘没有董明珠就没有格力’，恐怕就值得商榷了。”这是直接对“没有董明珠就没有格力”进行质疑。再如，朱江洪还写道：“很多媒体都说我是主要抓技术、质量的老总，不管销售。实际上，格力的销售政策、决策，哪样离开过我的参与与制定？”这似乎又是在回应外界关于“格力电器营销靠的是董明珠”这一说法。

不过，尽管朱江洪和董明珠之间暴露出了一些嫌隙，但是却不能就此否定他们曾是格力电器发展过程中的“完美搭档”。他们一刚一柔，一张一弛，朱江洪退休前，正是在两人通力合作下，格力才能保持稳健且高速的发展，为今时今日的辉煌成绩打下了坚实基础。

第 8 章

不惧挑战，走专业的多元化之路

专业化和多元化取决于企业的实力，而要做一家有实力的企业，就要脚踏实地地积蓄技术能力和人才资源。格力虽然已经走上了多元化道路，但专业化的思路并没有变，是在做专业的多元化。这条专业的多元化之路上有重重阻力与各种风险，格力也几番受挫，但向来不畏艰难、喜欢挑战的董明珠，绝不会轻易认输。

坚持走专业化的发展道路

企业是否应该多元化经营？这是任何一家企业发展战略中都无法回避的话题，数十年来在企业界一直是争论不休。多元化成功与失败的案例，更是层出不穷。专业化与多元化之间的这一场 PK 赛，似乎永远没有完结。

综观全球企业界，会发现一个十分有趣的现象：苹果、可口可乐、麦当劳等很多的伟大企业并没有投资煤矿、石油、房地产或者是新能源。难道它们的管理者没有发现这些行业蕴含着高额的利润吗？还是它们缺乏现金流？

其实，任何企业的发展都有其内在规律，麦当劳如果做出了开发煤矿的决策，就违反了其固有属性。全球企业发展的趋势是专业化，例如苹果只专注于设计和品牌，制造业全部外包。也许，只有具有专业精神、专注于某一领域，才能打造出具有国际竞争力的企业。

从 1991 年到 2015 年，格力电器从年产值不到 2000 万元的小厂成长为年销售额达 1400 亿元、拥有国内外八大生产基地的跨国企业，格力空调远销全球 200 多个国家和地区，全球用户超过 1.7 亿，将“中国创造”的科技成果带向了全球。

在纷繁复杂的商业环境中，格力凭借单一空调产品就能叱咤家电市场，这样的成功并不偶然，它离不开格力 20 多年间对于技术的研发和对于产品的执着。最值得称颂的是，格力 20 多年专注于一件事，那就是潜心于制冷空调产业。

董明珠这样阐述格力之所以坚定地选择走专业化道路的缘由：

我们有一个目标，我们的目标是要为中国争口气，为中国打造出世界的品牌，基于这点我们奋斗、努力，也就是我们坚持下来的原因。在坚持过程中，我们曾经也有过很多的分歧。第一个是专业化问题。格力是一家富有挑战性的企业，不是挑战别人，而是挑战自己。在单位中我们曾经就多元化问题进行讨论。很多企业选择走多元化道路，它最大的特点是可以逃避，可以选择。不过也正因为这点，不断选择而失去了自己擅长领域的领先地位。因此这个时候看似得到实际是在失去。因为这样左顾右盼，就是选择投机的心理、投机的方式来经营一个品牌、企业，我们坚持选择了专业化。专业化最大的问题看上去没有选择，格力是中国目前唯一一家只做空调的企业，很多人说我空调不行可以做冰箱，冰箱不行可以做彩电，而这样导致他们始终没有自己的核心技术。

我们在选专业化的时候看到了风险，最大的风险是当产品质量不能保证的时候，当消费者离你而去的时候，那你就只有死路一条。不过也正恰恰因为这点给了我们一条出路，就是勇往直前，做消费者最满意的产品，这就是你的追求，所以才赢得了市场。我们对专业化、多元化进行评估之后，最终选择自我挑战的一条道路，就是坚持走专业化道路。

毫不夸张地说，如果没有高度的专业化，而是受到诸多诱惑立场不坚定，格力很难在空调品类上做到这么大，成为全球空调业的龙头企业。

要知道，在激烈的竞争环境中，在浮躁的扩张氛围中，在高昂的投入成本压力下，很多企业在发展中迷失了自我，没有专注、坚持自己所擅长的业务，最终昙花一现。

在坚持走专业化的发展道路上，格力也曾不断遇到多元化的诱惑，曾经有很多生产冰箱、彩电、洗衣机的企业主动找上门来，希望贴上格力的品牌，或是要求格力把它们兼并，但格力都拒绝了。董明珠坚持不被表面现象和利益所吸引，不赚看似能够轻松获得的意外之财。如果代工厂家的产品质量不好，技术没有创新，并不会简单地因为贴上格力的品牌就会畅销，还会连累格力的品牌声誉。对于兼并企业，如果没有能力使自己的企业文化为对方所接受，就不能轻易去扩张。对格力来说，做空调就必须要做好，作为空调行业来讲，格力也是唯一只做空调的企业，这家企业的品牌、生命力、实力就体现在专业化经营上。专业化经营不但让格力在空调技术上取得了不断的突破和进展，还使格力在品牌宣传上获得了很大的优势。

当然，专业化和多元化本无对错之分，多元化有多元化的陷阱，专业化有专业化的风险，关键是企业在布局过程中，如何根据自身战略进行选择而已。对董明珠和格力而言，多元化并不是完全的绝缘体，在格力发展到一定阶段后，多元化自然也就成了必须考虑的问题。

盯上智能家居，挑战与机遇并存

2012 年末，格力电器销售额突破 1000 亿元大关。面对如此骄人的成就，董明珠却没有丝毫自满，在接受媒体采访时，她满怀豪情地说："未来五年再造 1000 亿元，每年增长 200 亿元，再过五年，格力就达到 2000 亿元。"

董明珠这个"每年增长 200 亿元"的目标最终虽然没有实现，但在当时却成了促使格力转向多元化的催化剂。

2015 年初，格力正式开始了"专业化道路的多品牌发展战略"，该战略包括两个方面：一方面，搭建智能家电生态系统，发展智能环保家居；另一方面，格力电器开始建设垂直产业链，包括上游的压缩机、电机、自动化设备等工业制品，下游的再生资源产业链，以及由空调技术延伸出来的相关产品的开发，这些逐渐成为格力电器发展的新增长点。

董明珠之所以会将目光盯准智能家居，主要是得益于技术的嫁接——智能手机的更新换代为构建智能家居生态系统提供了有力的支持。具体来讲，在家居生态系统中，空调处于能源消耗的主导地位，是切入智能家居的合适入口，以空调为中心，可以形成良好的智能家居的生态体系，前提是有一个好的连接平台，智能手机的出现和不断更新换代，正好提供了一个高技术含量的互动平台。从这一点上看，也就不难理解董明珠为何对做手机那么热衷，甚至不惜亲自上阵代言。

来了解一下什么是智能家居。提到智能家居，大多数人脑海中或许浮现的会是一个手机软件遥控空调、冰箱、电饭煲等所有家电设备的场面。

事实上，智能家居并不是什么新概念，它被提出来已经有很多年了，百度百科对智能家居的解释是这样的："智能家居是以住宅为平台，利用综合布线技术、网络通信技术、安全防范技术、自动控制技术、音频技术等将家居生活有关的设施集成，构建高效的住宅设施与家庭日程事务的管理系统，提升家居安全性、便利性、舒适性、艺术性，并实现环保节能的居住环境。"

虽然智能家居的概念早已经被提出来了，但到目前为止，全球范围内智能家居市场的发展并不成熟，究其原因，就在于智能家居属于小型的家庭物联网，要求家庭内的各项产品设备都能互联，不能说生产某个单品如智能电视机就可以成为"智能家居"了。但是到目前为止，还没有一家企业能够制定出一个统一的平台协议，将各种产品生产商整合起来。很多产品虽然自称是智能家居产品，但真实情况却是用户买了一堆自成一体的智能产品，每个产品都有单独的APP或者控制系统，根本无法明确区分，家庭生活不仅没有因为这些产品变得轻松便利，反而增添了许多无谓的烦恼。

对于市场上的这种现象，董明珠是有着深刻洞察的，在她看来，这并非是智能家居。她说："大家所讲的用手机在外面遥控家电，那是小玩意儿，我认为不足挂齿。一个路由器把产品连起来就叫智能家居，我认为不完整。真正的智能是让消费者更加方便，最基本的是产品不出问题，没有安全隐患，使用过程更加健康、更加环保。

2015年3月11日，"2015中国家电博览会"（以下简称家博会）在上海举行。在这次家博会上，由格力电器在光伏空调基础上开发出来的一体化智能环保家居系统格外引人注目，媒体纷纷予以"脑洞大开"的评价。

对于这个系统，格力电器展场的易拉宝上是这样描述的："该系统是以住宅为平台，利用光伏多联机技术、网络通信技术、安全防范技术、自动控制技术、音视频技术将家居生活有关的设备集成，构成高效、节能、环保的能源管理系统与快捷、便利的家庭日程事务的管理系统，提升家居节能性、安全性、便利性、舒适性、艺术性，最终实现智能环保健康的居住环境。基于格力光伏空调，智能环保家居的能源问题得到解决，而其他的自动化都是建立在能源低消耗之下的进一步突破。”

看到这样的描述，我们不妨想象一下未来家居生活的画面：格力光伏空调能够实现超高 / 低温强劲制冷 / 热，有效去除空气中的各种污染物，只是这一款产品，即可实现室内温度、湿度、洁净度的综合调节，省去了再购买加湿器、空气净化器、暖器等各种设备的费用，以及由此带来的种种烦恼，使得以往烦琐的家居变得简易化。只要家里安装了格力光伏空调，就能形成一个自给自足的自由供电单位。光伏空调不仅能为冰箱、彩电、洗衣机等家电供给能源，还是智能家居互相连接的入口，通过它，可以对所有家电进行综合管理。此外，格力智能家居系统还能够通过家庭发用电的情况，定期从格力数据库中为用户推送最佳的省电方案。

正如董明珠所言，用手机遥控家电只是“小玩意儿”，只能算是一个切入口，智能家居最核心的问题还是能源，此外，每一款产品不仅要能与智能软件实现对接，还要能够在贴合消费者使用习惯的基础上实现独立运转。

智能家居所带来的机遇无疑是巨大的，格力在这一领域取得的成就也有目共睹，但与此同时，格力所要面对的挑战也不小。

目前，智能家居市场可谓是龙争虎斗，强手如林，国外有苹果、谷歌和三星这三大科技巨头兵临城下，国内有小米布局多年，先发优势明显，其他众多国内厂商也都对智能家居虎视眈眈，跃跃欲试。比如，格力的主要对手之一海尔，就早已发力智能家居领域，其旗下的 U+ 平台已经与日日顺、海尔 U-Home 形成了一套较为完整的智能家居生态圈，吸引了众多不同品牌的合作伙伴。而且，海尔有自己完善的家电产品线，产品门类齐全，十分有利于发展智能家居。

不过，对董明珠来说，格力在智能家居领域最强的对手还是小米。在目前的智能家居领域，小米所具有的优势非常明显，从智能空气净化器到智能饮水机，小米几乎将现在能想到的智能家居产品做了个遍，而且，小米还有其他智能家居企业不具备的入口优势，小米手机自不必提，小米电视和小米路由也都是小米智能家居产品的最好切入口。对于小米所具有的巨大优势，业界有一句话说得很形象：小米就是智能家居领域的腾讯。

尽管董明珠清醒地认识到，格力未来要想活得更好，智能家居是必经之路，但面对众多强大的对手，格力是否能在智能家居领域杀出一条路来，到目前为止还无法确定。

押注新能源，一波三折的“造车梦”

在格力的多元化发展历程中，新能源汽车是董明珠十分偏爱的一个项目。最近几年，市场也频频传出董明珠在汽车产业布局的消息，但却始终是一波三折。

2016 年，在董明珠卸任格力集团董事长之前，就曾经拟以 130 亿元的对价发行股份收购珠海银隆 100% 的股权。该条消息一经传出便迅速引发外界强烈关注。

珠海银隆是一家专门从事纯电动汽车、混合动力汽车、增程式电动车驱动系统总成、驱动电机、电动节能空调、充电设备及其相关技术的研发、设计和生产的高科技企业。

不难发现，珠海银隆的经营项目与格力电器主业相去甚远，再加上格力手机的失败案例在前，所以，对于收购珠海银隆的合理性，外界有颇多质疑，但这显然并没有影响董明珠的投资决心。

2016 年 7 月 5 日，格力电器对外发布公告，披露了收购珠海银隆的详细方案。公告显示，格力电器拟向珠海银隆的全体股东发行股份收购其持有的银隆新能源合计 100% 的股权，并计划向含员工持股计划在内的不超过 10 名特定投资者发行股份配套募集资金，收购完成后，珠海银隆将成为格力电器的全资子公司。

但是，因为增发价太低、收购价太高、钛酸锂电池的市场前景尚未明朗、中小股东权益被显著摊薄等分歧，该收购方案一亮相，就遭到了众多格力中小股东的反对，董明珠也因此遭遇到了前所未有的压力和阻力。2016 年 11 月 16 日，格力电器收购银隆终止，董明珠的造车梦刚一开始就遭遇打击。

不过，这次打击并没有让董明珠对自己的判断失去信心，在接受媒体采访时，她肯定地表示："收购珠海银隆股份是因为看中这家公司先进的钛酸锂电池技术。虽然收购珠海银隆失败了，但新能源汽车格力一定要做。"

尽管这次收购没有成功，但董明珠最终还是通过个人资金入股了珠海银隆。2016 年底，董明珠对外宣布，以个人身份携大连万达集团、中集集团、北京燕赵汇金国际投资公司、江苏京东邦能投资管理有限公司，与珠海银隆签署增资协议，共同投资 30 亿元，获得珠海银隆 22.388% 的股权。其中，董明珠以个人名义投资约 10 亿元，获珠海银隆约 7.46% 的股权。

进入珠海银隆之后，董明珠却发现珠海银隆存在诸多问题，于是起诉珠海银隆原董事长魏银仓，控告魏银仓及其合作伙伴涉嫌骗取国家财政资金及侵占公司利益；而魏银仓则提起反诉，起诉个别股东及董明珠侵犯大股东权益，于是双方完全闹掰。

珠海银隆的收购一度让董明珠陷入舆论旋涡中，有人说她也成了资本市场的"野蛮人"，有人说她这是"孤注一掷"，更有人说她是在"为卸任做打算"……后来，董明珠承认在珠海银隆的事情上看走了眼，但她并未就此放弃自己的"造车梦"。

2017 年 9 月 18 日，有消息称，董明珠率领格力电器团队入驻天津一汽夏利，就入股事宜进行了磋商。一时间，格力电器入股一汽夏利的传闻骤起，董明珠的造车梦再次成为财经界的热点议题。

但是，就在当天晚上，格力电器发布公告称："经核查，公司及高管团队从未就入股事宜与天津一汽夏利进行过磋商，公司及公司高管团队及其工作人员也从未前往并入驻天津一汽夏利，未就入股事宜与天津一汽夏利达成过任何一致意见。”

入股天津一汽夏利的传闻虽被格力电器否认，但此传闻并不是空穴来风。

首先，近年来，一汽夏利的业绩持续下滑，已经成为一汽集团的负担，一汽集团也在考虑如何卸下这个包袱，然后将主业聚焦于一汽轿车、红旗等自主品牌汽车的研发。尤其是红旗品牌的发展更是一项政治任务，当时，刚刚上任一个多月的一汽集团董事长徐留平就向媒体表示，“红旗要成为中国第一豪华汽车品牌，也是唯一的豪华汽车品牌”。

其次，对于格力电器来说，因为一汽夏利业绩持续下滑，所以，能以相对便宜的价格受让一汽夏利的股权。

最后，在当时政策背景下，格力要想获得一个小轿车生产资质并非轻而易举的事情，而一汽夏利无疑是一个非常好的“壳”资源。

不管入股夏利的真相到底为何,也不论董明珠的“汽车梦”多么一波三折，但董明珠对“造车”的热衷却是显而易见且不容否认的。

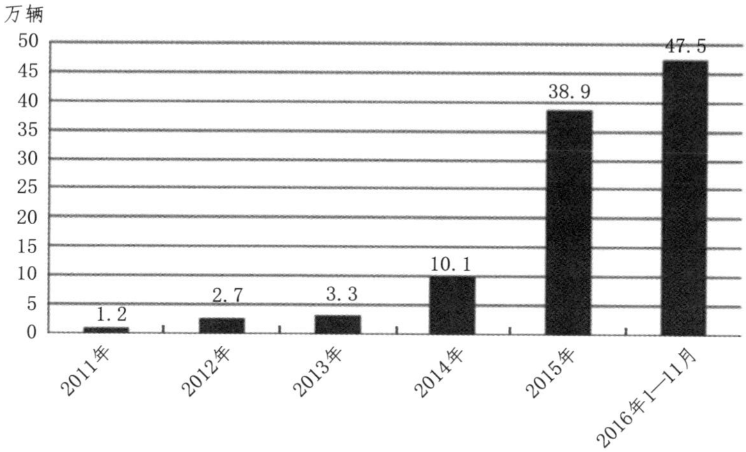

图8-1　2011—2016年(截至11月)新能源汽车产量

为什么董明珠对造车如此热衷呢？除了空调市场已经趋于饱和，多元化是未雨绸缪的必然之举外，新能源汽车本身所拥有的行业优势和前景，也是她看好这个行业的根本原因。

从2015年开始，中国新能源汽车的销量就进入了爆发期，几乎每个月都有明显的增长，进入2017年后，更是呈现出“井喷式”的增长。2017年，中国汽车行业年销量突破2800万辆，并连续8年位居世界第一，特别是在新能源汽车领域，中国已成为最大的生产和销售市场。这也吸引了越来越多的企业将目光放在了新能源汽车上。

不过，尽管新能源汽车的发展在我国已经基本铺就了一张宏伟蓝图，但是其电池寿命和续航时间却是一个横在发展路上的绊脚石。格力电器之所要收购珠海银隆股份，看重的正是这家公司先进的钛酸锂电池技术。

虽然新能源汽车行业优势明显，前景也是一片大好，汽车业更有工业王冠之称，但董明珠的造车梦能否实现，却还是存在着很大疑问，不说到目前为止一波三折的过程，其他企业在“造车”上跌了大跟头的众多案例，也足以让董明珠警惕。近的如乐视因“造车”而陷入现金流危机，远的则有格力曾经最大的对手春兰空调，也因造车而倒闭。乐视造车目前还未盖棺定论，我们先不分析，来看看春兰空调是如何因“造车”而倒闭的。

20世纪90年代，我国的空调业霸主并非格力，而是春兰空调。

早在1994年，春兰空调就以年产量150万台一举成为中国最大的空调生产基地、世界空调七强之一。

遗憾的是，在此之后，随着中国空调业的第一次市场饱和期出现，春兰空调的领导人陶建幸做出了战略误判，他认为中国的空调市场已经达到了饱和，没有了增长空间，于是决定走多元化发展之路。

春兰空调多元化的第一步是从摩托车做起的。

春兰摩托车在推出的当年就大获成功，“春兰虎”“春兰豹”两个高端系列产品，每辆5000元以上的售价，让春兰摩托的“虎豹”品牌一炮走红，畅销大江南北，1997 年上半年就实现了 6 万台的销量，销售收入近 10 亿元。

然而，当春兰持续跟进多元化，准备在汽车产业上一展身手的时候，其看家产品春兰空调却彻底失败了。

复盘春兰空调的失败，其原因是多方面的，有汽车牌照迟迟没有拿到的因素，有空调行业不景气资金难以为继的因素，有市场竞争的因素，有政策不支持的因素，也有多元化无法协同的因素，等等。总之，春兰空调就这样消失在大众的视线之外。当然，春兰空调遭遇巨大失败的关键原因还在于，陶建幸将春兰空调带入了一个怪圈，因为汽车投入太大，所以要空调的利润来填坑。资金紧张之下，又被迫与经销商“抢食”，最终导致经销商倒戈，陷入了无法挽回的败局。

董明珠如果一直不放弃自己的“造车梦”，是一世英名丧尽，甚至让格力成为第二个春兰空调？还是以“新能源”汽车为跳板，成功地实现多元化之路？我们拭目以待！

可以说，董明珠的“造车梦”是格力电器寻求多元化发展的一个初步尝试。以往，格力电器是以空调为绝对主业的公司，专注做空调虽然给格力带来了巨大的收益，但最大的问题是产品结构过于单一，产品单一就意味着格力会随时面临经营风险。而新能源汽车市场发展前景非常好，国家政策支持的力度也很大，无疑是格力电器尝试多元化发展的最佳选择之一。

投资 500 亿元，搞芯片研发

除了造手机、造车，董明珠还要造芯片。2015 年，格力电器就成立了半导体设计团队。经过多年的努力，现在格力已经可以自主设计空调机主芯片，而且向更高端的变频驱动芯片和主机芯片发起冲击。

2018 年 5 月，董明珠对外宣称，格力将在未来几年投入重金进行芯片研发，即便花 500 亿元也要造出格力自己的芯片。

至于为什么要造芯片，董明珠表示，主要是为了不受制于人，不被卡脖子。“芯片投这么多的钱，哪年能赚钱我也看不到，但是我能解决一个保障问题，天塌下来，我自供。要不然，别人没芯片给你，空调做得再好也没用。”

在一次节目中，董明珠谈到格力造芯片的事时说：“如果 20 亿元没有了，我觉得也是值得的。培养了一个队伍出来，为未来做准备。”

2018 年 6 月 25 日，在格力电器的年度股东大会上，董明珠发布了公司的产业规划图。格力的产业规划主要有四部分，分别为空调、高端装备、生活品类和通信设备公司，而芯片业务隶属于通信设备公司。

2018 年 8 月，董明珠正式开始了造“芯”之路——格力电器以 10 亿元人民币设立珠海零边界集成电路有限公司。该公司的经营范围为：半导体、集成电路、芯片、电子元器件、电子产品的设计与销售；通信技术、物联网技术、嵌入式软件、计算机软件、移动设备软件开发与销售；技术服务以及技术咨询；上述产品的批发与进出口业务。

在成立芯片公司的同时，董明珠还进行了收购。2018 年底，格力电器投入 30 亿元，参与闻泰科技收购欧洲芯片巨头“安世集团”。交易完成之后，格力电器成为闻泰科技的重要股东，持有其 10.98% 的股份。2019 年 11 月，格力电器又参与了三安光电的股票定增计划。当月 11 日，三安光电披露 2019 年定增预案，拟为“半导体研发与产业化项目”募资 70 亿元，格力电器拟认购其中 20 亿元。

三安光电是一家 LED 芯片龙头企业，格力电器入股其中属于战略性股权投资，有助于格力中央空调、智能装备、精密模具、光伏及储能等板块打入半导体制造行业，同时通过与三安光电在半导体领域的合作研发，有助于进一步提升格力在相关领域的技术积累。

董明珠进入芯片行业，许多人都不看好。在他们看来，芯片研发的门槛太高，需要大量的资金投入和技术沉淀，短期内很难见效。几百亿元的资金确实不少，但想在芯片领域有所作为，还是不够的。而且，还有人表示：“一开始就错了。任正非说过，搞芯片，要砸物理学家、数学家，而不是砸钱。”

对于芯片研发的难度，董明珠其实很清楚，但她有这个决心。她表示，不管格力造芯片会遇到多大的困难都会坚持下去！“格力空调一年几千万台，一台空调里面有几张芯片，我们一年芯片的采购额就要 40 亿元以上，但到目前为止，格力空调上所用的芯片几乎都是靠进口，这是必须要扭转的现象！”格力不能错过中国半导体产业从中低端向高端转型的机会。

当然，董明珠也不是蒙头蛮干。她在 2019 年 12 月的中国集成电路产业高峰论坛上表示，格力并不是想要独家做芯片研发，而是更倾向于走大家协同发展的道路。

在造“芯”的路上，董明珠也许不会一帆风顺，但她的勇气值得敬佩。而且，有格力作为强大的后盾，董明珠造“芯”成功的概率非常大。

格力多元化之本：坚持自主创新

2016 年 7 月 23 日，第二届中国制造业高峰论坛在北京隆重举行。在 2015 年第一届中国制造业高峰论坛上，董明珠提出了名震业界的新口号“让世界爱上中国造”，而在这次的高峰论坛上董明珠正式宣布格力“多元化”，并喊出“创造改变世界”，以此与中国制造同行共勉。在这次论坛上，董明珠明确提出：“格力不忘初心，主动创新，构建以质量为基础的自主创新体系，走相关多元化的发展路径，实现从中国速度向中国质量转变，从中国产品到中国品牌转型。”

不过，对于格力的多元化之路和董明珠的高调行为，外界却存在质疑，质疑比较多的一个的问题是：格力专注空调制造 20 多年，取得的成就有目共睹，为什么还要做手机、做智能装备、做新能源、做精密模具、做芯片？

对于这个质疑，董明珠如此回答：“制造业并不‘传统’，要有创新意识，企业的成败不取决于专业化还是多元化，重要的是专注带来技术支撑力！格力这家企业有创新文化，进军多元化，不是因为企业简单的发展需要，我认为它是一个社会变化的需要。”

的确，随着时代和社会的发展，消费者对高质量产品的需求已经越来越强烈，就以中国人到日本抢购电饭煲为例，日本的电饭煲市场几乎全部是 IH 电饭煲，也就是电磁加热电饭煲，与此相比，我国当时的数据则显示，94.8% 的国产电饭煲还是电加热电饭煲。因为电磁加热电饭煲煮出来的米饭受热更均匀、更香、更好吃，生活水平和消费水平不断提高的国人自然对此有较大需求，而在国内，只有格力等少数中国厂家掌握这一技术。

正因为自主创新，掌握大量核心技术，所以，格力的多元化其实就是以自己的技术推动国内制造业的供给侧结构性改革，说到底，它是社会变化的需要，更是国人消费升级的需要。

当然，无论如何多元化，空调都是格力的根本，对于这一点，董明珠始终心如明镜，她说："格力电器可持续发展很重要的原因，是它完全靠单品类的量来实现全球第一。格力空调在中国市场达到接近 50% 的份额，在国际市场也是单品类全球销量第一。格力将继续以空调产业为支柱，大力开发新能源、生活电器、工业制品、精密模具、手机、智能装备等新兴产业，使格力从单纯的家电制造企业向精工制造企业转型，实现多元化稳健发展。"

格力多元化之路的根本在于技术创新，在于通过自主创新掌握核心技术。毫不夸张地说，格力在核心技术上的积累，即使在全球领域，也是其他大多数家电企业所不能比拟的。国家知识产权局公布的数据显示，格力电器 2019 年申请发明专利 1739 件，位居全国第六，是唯一一家排名进入全国前十的家电企业。截至 2019 年 12 月 31 日，格力累计申请专利 63000 多件，成为家电领域专利申请量和拥有量最多的企业。这些技术专利，足够支撑格力开发多元化的产品。反过来，通过产品的多元化，消费者也能充分感受到格力在自主创新上的巨大优势，对格力空调更加信赖。

多年以来，格力一直是空调行业的龙头，这在很大程度上归功于其在技术上自主创新的精神，从首创圆形柜机到艺术空调，再到超薄空调、卧室空调等，都推动着行业发展不断迈上新台阶。而自主创新如今也正是格力大力推动多元化的根本，是格力多元化道路的灵魂。

仔细分析近几年格力在多元化上的尝试就不难发现，格力已经将"自主创新”战略布局到多元化的每一个项目上，包括手机、新能源汽车、智能家居、精密模具、芯片等领域，如建设智能装备产业园、推出自主研发的工业机器人、大松 IH 电饭煲高调亮相等，在空调等家电主业之外，格力开辟的每一条“跑道”，都是以技术上的自主创新为根本的。

当然，技术上的自主创新和多元化发展是互动的关系，前者是后者的根本，后者则为前者提供了更多的方向和可供挖掘的潜力。比如在人工智能领域，格力早于其他家电企业布局，早在 2012 年，就开始实施“机器换人”计划，并着手自主研发机器人，并取得了令业界瞩目的成绩。

再如模具板块领域，也为格力的自主创新实现了重大突破。2015 年，珠海格力精密模具有限公司总产值已突破 9 亿元，以珠海为核心，格力还在武汉、杭州等地布局模具智能制造基地。2016 年 3 月，格力投资 50 亿元的智能装备产业园在湖北武汉蔡甸经济开发区正式动工，依托工业机器人、机床、模具等产品优势，格力宣布向高端装备制造业全面进军。

对于自主创新和多元化发展，董明珠有着深刻的认识：“格力不是单纯追求眼前一点规模，我们更看到持续发展，有了持续发展这样的原则，让我们能够坚守，我们守住了自主研发这一比较挑战自我的选择，这是一个突破。我们企业能够拥有核心技术，而且拥有创造能力的时候，应该把它极大化，而且社会化，不仅是为自己服务，也要和世界共享。”

董明珠表示：“一家具有创新精神的企业，最大特征就是永远在挑战自己。制造可以模仿，创造一定是从无到有！”

除了技术上的自主创新，格力在空调领域深耕细作这么多年，也积累了很多其他方面的优势，如管理优势、市场优势、品牌优势、渠道优势等，这些优势都能够帮助格力培养更多的经济增长点，开发更多高品质的产品。

伴随格力电器智能制造和产业转型升级规划的实施，现在的格力电器正在努力将 20 多年做空调累积下来的技术优势和其他优势发挥得淋漓尽致，真正地迈向多元化时代。

PART 4

双面董明珠，霸道总裁也不乏柔情的一面

别人给你那么多的荣誉，事实上是要你付出更多来换的。我很霸道，不太容易被别人改变，对工作很执着，坚持自己的原则。

我目前这个状况，都是环境逼迫的。我知道怎样做才算得上是一个真正的女人。等我退休了，我一定像许多合格的女人一样，把生活安排得井井有条，充满温馨，充满情趣，充满快乐。

——董明珠

第 9 章

铁腕管理：管理不狠，企业不稳

“天下纷扰，必合于律吕”。铁的制度是企业中全体成员保持步调一致的重要基础和保障，也是实施铁腕管理的“法律”依据。董明珠对此坚信不疑，在管理中奉行“水至清亦有鱼”的铁腕法则。但是在这种“铁腕”的背后，董明珠向来是就事论事，实事求是，从不故意拿架子，不摆威风，且勇于放权，积极为格力培养优质的接班人梯队。

管理只有一种，就是制度

任何一个组织都必须要有制度，就像是任何一个国家都要有法律一样。对于企业而言，优秀的管理制度是良好企业文化形成的催化剂，更是企业无形资产的重要组成部分。

“制度一旦建立，公司所有人都要去适应它，而不是让它来适应人。”董明珠说。制度是保证格力快速健康成长的重要因素，正是严格得几乎不近人情的制度，让格力集团从一家小企业成长为现在营收超过1000亿元人民币的大集团。

作为中国商界最负盛名的女性企业家，董明珠曾七次上榜“全球最具影响力的50位商界女性”，四次获评“商界木兰”称号，多次荣膺“成功女性大奖”，是许多新时代女性的偶像，也被认为是女性管理者的典范，但她却认为，管理与性别无关。“很多人说女性管理者更人性化。我说没有‘人性化’的管理，管理只有一种，就是制度，不分男女。制度是企业的根基。”董明珠坦言，“我推崇军事化管理。”

在管理上，董明珠属于“法家”学派，她始终认为，“制度是刚性的，一旦制定，就要严格执行，概莫能外”。而推行这个制度的人首先要有足够的权力，并以身作则，做制度的坚定拥护者和执行者。

一次，董明珠和一位美国人去澳大利亚出差，下飞机后租了一辆车。办完事开车返回机场的路上，美国同伴说后面有警察跟着。停车后，警察说“你超速了”，说完开了一个罚单，但并没有当场收取罚款。后来，美国人把罚单弄丢了，很着急，一直说怎么办怎么办。董明珠支招：“丢了正好有理由不交罚款了，反正我们要走了，他也不会追着你要。”结果美国人连说不行、不行，回到美国后又打电话到澳大利亚查询汇款账号，最终把 75 美元的罚款补上才放心。“如果不交罚款，下次澳大利亚可能会拒绝他入境。”董明珠用这句话来总结制度的重要性。

董明珠写过两本自传——《棋行天下》和《行棋无悔》，热爱下棋的她没有时间下棋，就把商场当成了棋盘。董明珠虽然是棋局上至关重要的一枚棋子，但她更关心的是建立对弈的规则和策略。她最大的理想是，就算有一天格力的棋局失去了董明珠，依然可以保持不败。

事实上，董明珠带领格力电器一路狂飙突进的历史，也是她在格力不断建立和完善管理制度的历史。

在格力，董明珠说话向来是板上钉钉，是一个霸道强势、高度集权的领导者。董明珠坦言：“我这个人不大注重细节，想到什么就讲什么，批评下属经常不太会顾及时间与场合，让别人很没有面子。”但她又强调这种方式会很直接地点醒当事人，让对方知道自己的错误在哪里。在格力内部，据说许多员工见到董明珠都绕着走，生怕被她撞上当面批评。董明珠说，当上格力总裁以后，她以前的好多熟人和朋友都疏远了，她感叹道：“领导者注定是孤独的。”

有人说，董明珠是将自己的性格烙印到了格力企业制度上，太过霸道与强势。董明珠对此不以为然，她说自己无论再强势、再霸道，也只是为了企业利益，而非个人，没有丝毫私心。

格力的企业制度中，“忠诚”是董明珠最看重的两个字，在格力的八字厂训中，忠诚居第一位。“忠诚不能简单地理解为‘我听你的话’，而是服从‘规则’，忠诚于这家企业，实际上是服从于大‘道’，正道。”董明珠如此诠释。

2008年的一天，董明珠接到了一个人的电话，希望能够重返格力。这个人此前供职格力期间发明众多，后被竞争者以重金挖走。这个人本身有很强的研发实力，自以为要求重返格力会很受欢迎，但他得到的却是董明珠强硬的拒绝。这是因为，在格力有一条不成文的制度：假如从格力离开，就永远不要指望再被接纳；另外，只要是从同行其他企业出来的，无论多能干，原则上都不收留。“不是说别人不优秀，但如果仅靠别人培养人才，本身就是一个贪婪的行为。”董明珠解释道。

在格力，人行道和车道泾渭分明。有一次，一名员工没有遵守公司的规定，将车轮压到了人行道上，结果被开除。

对干部，董明珠眼里容不下一粒沙子，一位高层因为帮助自己的亲戚给格力电器做配套生意，违反公司制度，直接被开除。

董明珠还要求格力1000多名党员全部要佩戴党徽上班。“要重塑党员形象，更重要的是要让员工监督你。”董明珠说，“干部不好，员工才不好。好的干部，往往是敢于做‘坏人’；一个事事对你点头的干部，可能正在伤害大多数人的利益。”

对于董明珠的做法，很多人表示太过严苛，但董明珠却称，制度是企业的根基，正是因为制度的保障，格力集团将材料损耗降低到了0.13‰。

在董明珠看来，假如制度建设不到位，那很多人就会随波逐流，结果就是好人变坏人。制度面前人人平等，只有这样制度才能贯彻下去。

不接受任何灰色地带，水至清亦有鱼

“水至清则无鱼”这条古训向来为人们所津津乐道，但董明珠偏偏反其道而行，认为“水至清亦有鱼”。

当然，她并不是抬杠，而是自有一套说得通、行得通的理论：

> 假如将企业比作一池子水，当池水浑浊的时候，会滋生腐败的杂质，这些杂质能把一部分池鱼养得又肥又大，却最终逼死了其他的鱼，破坏了健康的生态。浑水摸鱼，永远无法建立一个大家公平竞争的机制。所以我们说水清有鱼，只有水清了才能看到哪条鱼是健康的，哪条是生病的。

我们前文说过，2001 年，董明珠担任格力总经理后，对公司治理进行了大刀阔斧的改革。当时，她上任后的第一剂针，就是扎向腐败的毒瘤，以不断消毒、澄清干部队伍的水质。

通过总经理信箱，董明珠以其铁腕治腐，敢动真格，敢碰硬，树正气，扬清风，在格力中层干部中引起强烈震动，也赢得了员工的赞许。

为了杜绝有人以“无处上缴”为借口收红包和礼物，董明珠还专门设置了一个小组，负责监察和保管。公司市场部外出接待的发票，她也事必躬亲严格审查，每一张都要问清来源去向，搞得找她报销的人员都紧绷神经线。

眼睛里容不得沙子的董明珠决心把公司制度变成一个筛子，只有筛网足够细密了，才能淘去杂质，清理淤塞。

有一次，董明珠打电话给格力的一名中层干部，让他来公司，对方说他在陪客户。可后来经过了解，他其实是在陪家人出游。对此，董明珠毫不犹豫地将其撤职，并义正词严地说道："一个人在这种事上都撒谎，如果遇到大事，能承担吗？"

在格力电器内部，"公平、公正、公开"的红色大条幅四处可见。董明珠用这"三公"制度性地营造了一个透彻、严明的竞争环境。

不仅对干部是如此，对员工也一样。格力电器有一整套严格的人才选拔制度，实行竞争上岗，监督任用，绝不让滥竽充数的无能之辈有生存的空间。

设计师吴欢龙是格力的老员工，功勋卓越，他坦言，在格力工作，标准的确高，活要干得最好，但虽然身体挺累，心却不累。"在格力，人与人之间关系简单，大家都很单纯，把工作干好是第一位的，谁上谁下，大家心里都跟明镜似的。"

政商关系在目前的中国是一个欲说还休、欲言又止的灰色地带，是最适合"水至清则无鱼"这句话的。可在董明珠看来，政商关系同样可达到"水至清亦有鱼"的境界。她对政商关系的定位言简意赅："商人和官员不要勾肩搭背，只须各自做好分内的事情。"她直言，"格力不搞政府关系，格力不需要潜规则。"

在商界这么多年，董明珠算是个特立独行的另类，很少出现在各种社交场合，既不与官员周旋，也不在业内圈子交际，她不会喝酒，很少应酬，只要不出差，就每天两点一线：单位、家里。

政府部门想要同格力做生意，董明珠表示欢迎，但一样要先付款后提货。"不能破坏了游戏规则。"董明珠说，"买格力空调就是这样的，其他的我管不了。"

此外，董明珠也从不担心政府会向国企身份的格力"伸手"，她觉得一个好的企业领导就不该怕政府监督。"我愿意被别人监督，随时可以看格力这里的情况。"

当然，要培养“水至清亦有鱼”的商业环境，不是董明珠一人能做到的，所以，她多次强调制度的重要性。“出淤泥而不染的是荷花。但要清除水里的杂质、荡涤淤堵，那就不是荷花的事情了。”

在多年的商海驰骋中，董明珠始终坚持着两条原则：第一，原则的东西不放弃，大事讲原则，小事讲风格；第二，与朋友交往，只谈感情不谈工作，朋友间不能有生意上的联系。董明珠认为，工作中徇私不仅会抹黑自己的形象，还会给企业带来巨大的损失，在格力的 20 多年，董明珠一直恪守这两条原则，挑战着行业中的各种潜规则。正是她对“原则”的坚持，才被大众所钦佩、所认可，格力电器也才有了今日的辉煌。

假如说，为了格力空调，董明珠必须要做到“水至清”，那么，与亲友的关系也要到这种程度，在外人看来，难免就有些不近人情甚至不可理喻了。

1995 年，全国空调销售形势一片大好，董明珠的哥哥兴奋地从南京来到珠海。一个经销商想通过他的关系找董明珠拿 3000 万元的货，承诺给他 2% 的提成。帮哥哥拿订单并不算违规，还会给格力带来订单收益，在旁人看来自然是两全其美，但董明珠却断然拒绝。她打电话给那个供货商，斩钉截铁地告诉对方：“我不会给你空调。”对方气恼地问董明珠的哥哥：“她是你的亲妹妹吗？”哥哥的心里也愤怒至极，怎么想也想不明白，既不违法，又不违规，手中掌握着权力还不为家人所用，这不是脑子有问题吗？哥哥气得摔门而去，扬言从此不认她这个妹妹。

其实，董明珠的心里横着一条红线：假如答应了帮哥哥拿货，开了这个先例，可能导致的后果就是其他经销商依样画葫芦，破坏了原有的秩序。

“我觉得我的权力不是为自己用的，是为企业用的。”董明珠斩钉截铁地说道，“企业家品格中最重要的就是无私。”

看来，如果把事业与家庭放在天平的两端，董明珠的重心永远倾斜在事业一边。这一点不由分说，不容置疑。撕裂亲情让董明珠心痛，却是无法回避的选择。

除了亲情，在友情方面，董明珠也是防微杜渐，为避免同事间过多接触而产生徇私机会，除工作外，董明珠几乎不与同事往来。

“没有亲人没有朋友，很多人议论说董明珠很可怜，等她老了、退休了，一定没有朋友，一定很孤独。”董明珠说：“但我相信一定会有很多人来看我的，有 90% 的职工、90% 的经销商、90% 的消费者拥护，这就是我的成功。”

在董明珠看来，“越是单纯的东西，越是需要付出百倍的努力去捍卫它。把一种单纯的信念贯穿于生活之中，往往需要付出并不简单的代价”。

老总管小事，大事给副总们去管

很多人认为，领导者管的应该是大事，不能事无巨细都去管。可事实上，管理无小事，小事是成就大事的基石，这两者之间是相互联系、相互影响、相辅相成的。领导者要善于处理好这两方面的关系，使两者相得益彰。

美国有一个年轻人，大学毕业以后，他到一家汽车公司应聘，和他同时去应聘的三四个人都比他学历高。他觉得自己没什么希望了，但既然来了，也不能不试一试就打退堂鼓啊。于是，他便敲门走进公司办公室，发现地上有一张废纸，就弯腰把它捡了起来，顺手把它丢进了废纸篓里，然后走到董事长的办公桌前，说："我是来应聘的。"董事长对他说："很好，很好，你已经被我们录用了。"这个年轻人感到意外，董事长说："前面三位的确学历比你高，而且仪表堂堂。但是他们的眼睛里只能看见大事，而看不见小事。而只能看见大事却忽略小事的人是不会成功的，所以我才录用你。"年轻人就这样进了这家公司。果然，进入公司后，年轻人把工作做得相当出色，并最终坐到了董事长的交椅上。

董明珠一直倡导"领导管小事"，在她看来，一个企业家就应该管小事，而所谓大事则应该给副总们管。

1995 年前后，董明珠担任格力经营部部长时曾立了两个规矩：一是早晨不准迟到；二是上班时间不能吃东西。董明珠的办公室是透明玻璃的，员工有没有迟到，一眼就能看到，这就解决了迟到的问题。但不许吃东西这件事，当时员工都觉得她可能只是说说而已。有一天，几名员工正在吃东西的时候被董明珠发现了，这时候下班铃声刚好响起，董明珠马上过去表示，这几名员工在吃东西的时候下班铃声并没有响，所以一人罚款 50 元。

当时格力经营部的工作人员最高工资也就是 800 元钱，被罚 50 元钱对他们来讲还是很心痛的，于是个个都去求饶。董明珠却严词拒绝，认为必须罚，还把那个带头吃的人罚了 100 元。这看起来是很小的事情，但是这件小事情一下子就改变了员工，此后，经营部再也没有发生过上班吃东西的现象。

这件小事对企业发展重要吗？非常重要！正所谓细节决定成败，管理者对小事不重视，时间一久小事就容易成为大问题，当一家企业出大问题的时候，你再想把这家企业搞好就难上加难了。

还有一次，格力的总经理从广西带来一个人，专门负责开票，想给谁开就给谁开。董明珠回去后马上对这个人的账目进行清理，发现了重大问题。针对这个问题，她立了一个规矩，你负责开票，但没有发货权，财务通知你给谁发货你才能开单。这个制度定下来以后无形之中把他约束住了，他做不了假了，也没法搞关系。后来，一个经销商没有打款，他却把货给发了，另外一家打了款在账上却没有发货，董明珠不管他如何解释，所有的理由她都认为不成立，错发是失职，明知没打款却故意发货就更严重，当时就罚了他 100 元钱（他的工资是 800 元钱），100 元钱对他可能不重要，但还有个面子问题。当时，格力在管理上施行的是一出现问题就会在全公司通报。董明珠这一通报别人就在想："董明珠好厉害，老总带来的人她也敢搞。"结果，在全公司都引起了反响，大家觉得董明珠太牛了。通报完这件事情以后，董明珠又降了他一级工资，意味着在格力他这一辈子都要比别人一个月少挣八九十元。当时有人劝董明珠说做人的工作要慢慢来，"你要注意一点，（事情）搞大了以后对你自己不好。"可董明珠却认为，她现在不是做人的事情，是做企业的制度建设问题，凭什么要慢慢来？

当时董明珠就预料到，老总肯定要找她。果然，第二天一早老总就叫她过去了。董明珠跟老总讲：“我没有跟你对着干，我做这件事情是维护企业的利益（就是维护你的利益）。你知道吗？不是我跟你过不去，是他和你过不去。你知道底下的人在说什么吗？员工对这家企业一旦没有信心，这个企业还能谈发展吗？还能谈生存吗？”

一家企业或公司里往往有大事也有小事，而领导和主管的管理工作也有全局和细节之分。有的管理者对于大事和全局都抓得很紧，却对一些局部和细节完全放任不管。这类管理者可被归为大事清楚、小事糊涂的类型。

这样的管理者合不合格、称不称职呢？答案是否定的。因为他们的上一级领导并非让他们只管大事，不管小事。

在董明珠看来，在企业或公司里，事有大小和微细之分，但领导对它们的处理则不应有任何分别。很多领导和主管就失败在对细节的忽略和放任上，结果出了大问题。

用人之道：忠诚 + 放手用

董明珠是第一位获得中国最佳商业领袖奖的女性企业家，在她眼里，“领导力就是在不同层面，让他（员工）都能够充分发挥自己的智慧。像我们的叉车工，你说他是领导吗？好像不是。但是他能用他的叉车把啤酒瓶打开，能穿针引线，他就是有领导力，他让所有的叉车工都以他为楷模。所以，想要我们每个人都把自己的智慧释放出来，不是靠一个有形的领导力，而是无形的领导力，那就是中国梦。”

董明珠当上格力电器的总裁后，有人曾经对她提出质疑，认为她是一个做销售的，当不了总裁，尤其是在格力这种有国企背景的企业中。董明珠用事实给了大家一个完美的答案。无论空调市场如何硝烟弥漫，格力的销售额一直保持稳步增长。而董明珠能够成功的原因之一，就是她当上总裁后，善于用各种人才。

董明珠的用人法则其实很简单，那就是“忠诚 + 放手用”。对她来说，忠诚绝对不是对她本人的忠诚，而是对企业的忠诚。在她看来，忠诚要高于才能，毕竟，如果才能和忠诚得不到有效的统一，就可能导致才能越高对企业的危害越大的情况出现。对此，董明珠做了一个精辟的总结，人才就是“不是要把事情做对，而是要做对的事”的人。

秉承这样的思路，董明珠在培养格力电器的中层干部时，年轻人占了大部分。在格力的中层干部中，职位最高的采购部总经理才 30 多岁。说起这位总经理，就不得不佩服董明珠用人的眼光。

这位总经理大学毕业后就应聘到格力集团人力资源部，做了一名签证人员。每当集团员工出国，部门主管交给他任务时总会说："这个签证一个星期之内拿回来。"从签证资料的整理到往返多个签证部门奔走，无论多么麻烦，他从没说过一次困难，总能够很快搞定，按时交到主管手里。仅签证工作，他就做了三年。三年里，他的办事能力得到了部门主管的肯定。

一次，集团招聘中层管理人员，部门主管就让他前去应聘。过五关斩六将，他应聘成功。可是该让他去哪个岗位，该管哪一块儿，高层管理人员开始议论纷纷。有的说："他来自人力资源部，就管人力资源吧！这毕竟是他最熟悉的业务。"有的说："他的口才不错，交际能力强，让他跑销售不错。"还有的提出让他做后勤这一块儿。一时间，众说纷纭。

这时，作为格力董事长的董明珠说话了。她说："我认为他这种人不能在人力资源部。应该让他下到车间，当分厂厂长去。"此言一出，大家全惊呆了！大家嚷嚷道："他既不懂技术也不懂生产，让他去管那岂不乱套了！"

董明珠说："让他下车间做分厂厂长，其实不乱套，他的经历我已经知道了。我们要换一个角度来思考，一个人能不能胜任一项工作，关键看他肯不肯学习，这个很重要。"

结果，这个人既没有从事他熟悉的部门业务，也没有从事他较擅长的工作，而是被董明珠分到了一个新的领域去开拓。由于他不懂就问、善于学习，两年后他就被提升为采购部的总经理。

是金子放到哪里都会闪光，董明珠就是发现这块金子的人，因为她看到了他的闪光之处——善于学习。

事实上，像这位总经理一样的年轻人在格力还有很多，他们在不同的岗位，都得到了培养和锻炼。

不过，董明珠虽然重视培养人才，却也无法避免培养的人才被同行挖走。

有一次，一个竞争对手想从格力挖人，成立了一个行动组，并在格力门口的酒店包下了房间作为“根据地”。半个月之中，虽然接触了一大批格力的员工，并许以高薪待遇，但最终却只挖走了两人。

“我跟他们说，如果以后有企业来挖你，你也认为他那里好，我可以送你去。该留的会留下来，该走的也一定会走，如果他不认同你的文化，片面地追求金钱，就一定会走。这本来就不算志同道合的同事。”

在董明珠的理念中，人员管理的目的不是让员工听话，而是给员工自我发挥和创造的空间。“你需要的不是一个事事听你摆布的木偶，而是一个能够用他的聪明才智给企业带来更大利益的人。”董明珠表示自己可以允许和原谅员工犯错误，前提是这个错误是全新的、从没发生过的，并且事前谁也不能肯定它是错误的。对于那些前期已经看到苗头的错误，自己会马上制止，而对于已经发生过的错误，绝对不允许它发生第二次。

对于格力这种传统制造型企业而言，技术革新是企业生存发展最大的本钱。正如创新工场董事长兼 CEO 李开复所言：“在‘创新工场’里的很厉害的科学家或工程师，跟一个普通的科学家或工程师，他们的生产力可能差十倍、一百倍、一千倍，或不可比拟，因为科学家发明了一件东西，别人没有办法发明。”技术类员工的“出走”，也就意味着技术的“出走”，如果技术人员可以随意往来于不同企业之间，那么“独门秘方”就不再是秘密，这将给企业的发展带来巨大压力。

有媒体也曾经问过董明珠：你用这样的方式培养了人才，但无法回避的是，人才总有离开的时候。万一以后他们到了其他的企业，甚至是竞争对手的公司成为骨干，对你不是很不利？

董明珠回答：“这些离开格力的人如果能够把格力优秀的工作作风带到其他企业，总体来说是一件好事。毕竟一个行业的健康发展，只靠一家企业是不行的，还需要更多的企业规范发展才行。”

董明珠笑称，格力能成为家电行业的黄埔军校，她挺高兴的，因为这表明格力不仅把产品做好了，还为行业、为中国，甚至为世界培育人才做出了贡献。但现在的困扰在于"培养人的速度比不上别人来挖人的速度"。

遭遇组团挖人让人气愤，但最让董明珠痛心的是恶意挖人这股风潮的背后，中国一些制造企业只关注短期利益，不愿花费财力、物力，花费时间自主培育人才、自主研发创新的现状。董明珠说，国家号召"万众创新"，但绝对不是叫你"偷人""偷技术"，而是让你自主创新。中国企业，特别是中国制造企业有责任、有义务培育优秀人才，用自主创新改变世界对"中国制造"的看法，赢得世界的尊重，为人类的美好生活而努力。

优质的人才梯队是格力最大的财富

如今的时代是一个全民创业的时代，这是大趋势，也是好事情。可凡事都有两面，这股创业潮也让社会上出现一种浓厚的浮躁气氛，不少年轻人急功近利，总想着怎么创业、怎么成功、怎么当老板。在董明珠看来，这无疑是错误的。她认为，能用自己的价值给社会创造财富就是成功，到企业做好本职工作也是创业。相反，如果人人都不安于本职工作，老想着创业赚大钱，那企业经营也好，国家治理也好，都将面临不少隐患。

实事求是地说，中国的企业发展到今天，如果按百年老店的要求来看，地基还不够扎实，尤其是人才储备，还是个软肋。人才，不仅限于技术人才，各个岗位都需要诚实出色的人才。

在格力电器，董明珠通过建立很多规章制度，制定游戏规则，让大家找到自己的位置，让员工认识到，踏实的、有责任感的、有自信的人才是企业最重要的资本。

而在具体人才培养过程方面，董明珠善于创造“逆境”，让员工在磨砺中成长。董明珠常常对员工说，一个上司永远不找你，或者只说你好，那就不是一个好领导。只有不断指出你的不足，让你不断反思，你才能得到成长。

光个人磨砺还不够，格力电器还营造了一个良好的氛围：公平公正、公开透明、公私分明。不需要靠人际关系来维护自己的升迁，不需要用人际关系保护自己的个人利益。“我们倡导的是奉献文化，即并不是你的付出让自己得到了多少，而是你的付出让别人得到了多少。”董明珠说。

格力的这种管理文化，表面上似乎与现在的市场经济有些格格不入，但实际上，其中蕴含着大智慧。现在所有的企业都在喊“创新”，可如果仅仅有技术创新，那就不能叫作创新型企业。真正的创新，还需要培养自己的人才。

目前，中国大部分制造业企业流水线上的工人都是“90 后”。有人觉得这个年龄层太嫩了，不好管。可董明珠却不这样看，她认为，年龄不是企业考虑的唯一问题，应该具体岗位具体分析。“难道员工年龄大了资历老了，这家企业就有希望了？我觉得这种观点比较片面。”董明珠说，“这家企业员工平均年龄很小，就说明这家企业很有活力？也不一定。一个老人六七十岁，如果思维依然像年轻人一样活跃，你能说他不像年轻人吗？我认为关键是管理团队必须充满活力，得有很强的团队精神和自主的创新意识。”

社会上许多企业在招聘的时候总会摆出薪水待遇等来吸引人，格力电器从不这么做，而是告诉应聘者：“我们这家企业能活 100 年。”

长期以来，格力电器基本没聘用过“空降兵”，没有高薪挖人才，主要是录用大学生，把他们培养成才，这才是利在千秋的大事。企业都应该有这样的见识。

一家企业只有不断培养人才，才能永远生存下去。“被挖走一两个，没什么大不了的，如果员工纯粹为了待遇而工作，再多的钱也未必留得住，我希望格力电器能够成为中国制造业的黄埔军校，为社会培养人才，这也是很有价值的，是对社会的巨大贡献。”董明珠说。

那么，具体如何培养人才呢？人们现在总是指责“90 后”的孩子，说他们没有责任感。可事实上，这是环境造成的，环境没有给他们爱人的能力。从小父母对他们说的是“挣钱”，在学校里老师说的是“挣钱”，走到社会上听到的还是“挣钱”，人就变得以自我为中心。如果每个人都这样，社会就太可怕了。所以，董明珠认为，格力电器要尽量创造帮助别人的环境，让他们从中感受到该如何去关爱他人。

就拿格力电器的“一人一居室”来说，这个条件并不是员工提出的。如果由员工提出，就变成了交易；相反，由格力电器去主动实现，那就是关爱。结果虽然一样，但员工的感情和思维完全不一样。“在中国，一个制造行业，而且是传统的劳动密集型企业，要做到这个程度，简直是不可能的，但是我愿意去投入。”董明珠斩钉截铁地说。

第 10 章

“霸道”女总裁，柔情有谁“懂”

董明珠是霸道的，但她的霸道更多的是对事，而非对人。女人是水做的骨肉，任何一位女性都有柔情的一面，董明珠也不例外。在霸道的背后，董明珠从来都不缺女性的柔情：她爱美，喜欢听别人称赞自己美丽，也热爱一切美的事物；她善良，对他人、对社会，始终都有一颗付出之心；她是一位母亲，儿子是她休憩的心灵港湾，在儿子面前，她会放下一切假面，柔情尽显。

是霸道总裁，亦是爱美女性

在董明珠看来，将享受和舒服压缩到最低的生活是幸福的。出差不带秘书，生病了都没时间去看，也没有人陪着，在很多人看来，董明珠有些可怜，但在董明珠眼里，“天天打麻将才可怜”，而自己很充实。董明珠的工作没有时间概念，甚至做饭的时候想到的都是工作。所以在她看来，在家打扫卫生就很幸福了。此外，只要有时间，董明珠就会花一个半小时的时间快走，这也是她唯一的消遣。有人说：“董明珠是一个没有生活的人。”

可事实上，再强势、霸道的女性，都不会缺乏生活的一面。董明珠从不讳言自己爱美、爱生活。“我喜欢听别人称赞我美丽，柔情似水其实是任何女人真实的一面。”一次有人曾半真半假地公开对她说，她是最丑的。董明珠就告诉他，兄弟姐妹中自己的确是最丑的，但从另一个角度看，自己是最漂亮的，因为跟自己交谈的人能获得快乐，一个能给别人带来快乐的人是最漂亮的。这是实情，在千千万万个经销商、员工、消费者和慈善受益人的眼里，董明珠给他们所创造的价值不仅是快乐，还有其他很多有意义的东西。

自信的女人是美丽的。有自信的女人总是能坦然地面对社会、面对生活赋予她的一切，甜也好、苦也好，悲也好、喜也好，痛也好、乐也好，她都有勇气去承担，即使遇到失败或者残缺的生活，也不会失去努力向好的方面发展的动力。自信是一种最坚强的内在力量，它能够帮助女人度过最艰难困苦的时期，直到曙光出现。自信从未令女人失望，它会使女人发现自身的价值和潜能，并最终取得成功。董明珠的自信，让她即使做不到拥有最漂亮的外表，也能拥有最令人折服的内涵。

对于女性来说，帮助自己克服内心不自信和生活不幸的一个重要因素，是对自己外貌和内心强烈的自信。和所有的成功女性一样，董明珠也需要保持这种对自己的自信。小的时候，董明珠曾经是个羞涩的女孩，但随着年纪的增长，尤其是南下珠海，在商场摸爬滚打多年之后，她对自己的原则和信念有了越来越强烈的自信，同时，她对自己的形象也非常看重和在意。

是的，董明珠是爱美的。

在外界看来，董明珠强硬的、男性化的形象已经定格。所以，凡是初次见董明珠的人都会有种疑惑，这是董明珠吗？他们觉得董明珠很有女人味，特别是在不谈工作的时候更是如此。其实，董明珠在本质上就是一个普通女人，与其他女人一样爱美。

与霸道强势的个性相反，在平常的穿着上，虽然是公司高管，董明珠却很少穿职业装，而是喜欢打扮，出席宴会等公众场合，每次她的衣服都不重样。对此，她的说法是：“为什么要穿职业装，我喜欢自由自在的、美丽的衣服。”在男性主导的家电业，董明珠无论走到哪个场合都会和身边一律职业装的人们区别开来。

董明珠很少化妆，名牌衣服从来只在打折的时候才买。她说：“我的空调才卖几千块钱，但是有的衣服卖那么贵，所以我即使穿了名牌衣服，也是打折的时候买的。别人说你那么有钱了为什么还讨价还价？我说因为我觉得它不值（这个价钱）。”

所以，虽然工作忙，但在少有的清闲时间里，董明珠也有着与一般女性相同的爱好：逛街、逛打折店，找到那些琳琅满目的五彩物件，看到中意的就扫货，淘到物美价廉的打折货就会兴奋不已。

在办公桌上，董明珠放了很多相框，都是自己的美照，而且经常换。其中有一张她在溪边戏水的照片，是她自己最喜欢的：露肩的深蓝色格子裙，白色的旅游鞋，她蹲在溪中的石头上，撩着水花，笑得那么开心。对于爱美却又忙得几乎没有时间旅游的董明珠来说，这张照片实在是珍贵极了。

跟所有女人一样，董明珠也爱时尚，爱一切美的事物。说来可能没有人会相信，这样一位霸道强势的女总裁，爱好之一竟然是婉约至极的绣花！据她自己说，以前在南京的时候，家里的桌布和窗帘都是自己绣的。另外，在有限的空闲时间里，她也会像一般小女孩一样，追着看一些热门的电视剧，还曾津津乐道地跟人说她最喜欢韩剧《蓝色生死恋》，而谈起《甄嬛传》，外人看来她应该很喜欢看，但她却直言太可怕了，不喜欢看这种钩心斗角的电视剧。董明珠还喜欢下棋，颇有些古典女子的韵味，她自己的两本自传也都是以棋命名，分别是《棋行天下》和《行棋无悔》。她把人生比喻为下棋："下棋的时候要不断思考，做事也一样，需要不断博弈。"差别最大的是现实中的博弈不是一定要厮杀出胜负，要的是共同进步，互相提高。她认为，一个人没有压力就会落后，有竞争才有创新。

媒体在采访董明珠时，都会对她的高贵美丽感到震惊，那完全不是霸道女总裁该有的冰山形象。

她的美丽，在以男性为主的家电行业中是一道亮丽的风景线。与董明珠对话，起初，她的眼神里都是坚定和刚毅，但随着谈话的深入，她的眼神会变得逐渐柔和起来。

董明珠喜欢读书，但她更喜欢书中描写的人生："书里的人是人，我们也是人，为什么不能像书中一样生活？"没有了生意场的血雨腥风，其实，她只是一个简单而热爱美丽的女人。

时间是残酷的，岁月的流逝在董明珠脸上添加了细细的皱纹。过了知天命之年的董明珠逐渐变得不爱照镜子了。以前人家夸她“漂亮”，现在只肯说“精神”，但她依然很快乐。她说：“谁的一生都会遇到困难，只是问题性质不同而已。别人说‘夹着尾巴做人’，我都没有尾巴，夹什么夹！”

春风不解风情，然而在岁月的河流中，董明珠始终自信地保持美丽，自信地准备迎接下一幕美丽风景的到来。

工作中没有柔情，但生活中有

在商海拼搏多年后，现在的董明珠给人的感觉完全是霸道女总裁的形象，充满凌厉感。不只是外界的看法，董明珠也认为自己不是一个女性意识特别强的人，不过，在不涉及原则的方面，董明珠也是不乏柔情的。但她从不认为温柔及亲和对企业管理有什么好处，“管理就是铁的，刚性的，制度是不可随意改变的”。“作为一个女性，要领导一帮男士，怎么能让他们信服你，不是光靠简单的亲和力，是要靠智慧的。而且你要比他更加执着和拼搏，要比他做得更好，判断力比他更强”。

董明珠是智慧的，她知道什么时候该强势，什么时候该柔和。一次，格力的一名女员工因违反规定被罚 100 元，这名员工的爱人做售后服务工作，常年在外出差，她一个人带着孩子，夫妻俩收入都不高。董明珠心里很不安，但规矩不能破坏。第二天晚上，董明珠找到她，塞了 100 元到她口袋里：“这是我自己的钱，给你补上。记住，明天一定要把罚款交上去，以后工作不要再马马虎虎了。”

在一次上电视台录节目的现场，出现了极为有趣的一幕，当大屏幕上出现金秀贤、黄渤、吴秀波、宋承宪的照片时，主持人指着这些“男神”问董明珠喜欢什么类型的男人，董明珠不假思索地选择了金秀贤，理由是他的气质很阳光。这个答案有些出乎大家的预料，引起新锐观察团成员大赞“萌萌哒”。主持人也不禁感叹：“谁说这个女人经过的地方寸草不生？”她的柔情一面在此尽显无遗。

在很多人看来，董明珠的作风很像惠普公司前总裁卡莉・菲奥莉娜。但董明珠最推崇的女性却是一位日本演员——曾经以一部《血疑》风靡中国的山口百惠，因为她是“被保护的、纯真的、乐于帮助别人的”。

战士、医生和老师曾是董明珠最想做的职业，她归纳这三者之间共同的特质，那就是都是可以帮助别人的人。“我希望自己是一个能够帮助别人的人，是一个能够改变别人命运的人。”

董明珠始终认为，最优秀的企业家应该为社会做出贡献，以此得到别人的尊重。一家优秀的企业，须与国家的发展同步，社会和国家的利益高于企业的利益，这个国家才有希望。

“人的追求决定了这一切。我现在走到哪去，人家一听单位，就说‘格力空调很好啊’，那我就很幸福。”

董明珠的柔情一面还体现为她对于女性创业者的热心帮助和指点。曾经，网络红人“凤姐”罗玉凤变身天使投资人，在网上向董明珠约战；变身创业者的“西单女孩”任月丽也坦言，要像董明珠那样，把中国品牌做强，让世界爱上中国品牌。

对此，董明珠笑着说，她并不认识她们，但希望她们都能取得成功。董明珠还曾经说过：“我们赚钱的目的不只是为了让自己过得更好，而是能够让跟你认识的人或者你能帮助的人也能过得更好。”

对于女性创业者，董明珠既佩服她们的勇气，也为她们捏着一把汗。她明确表示，赞同创业，但并不赞同人人都去当老板。在她看来，即便在平凡的岗位上，也能够通过自己的创新，把自己的岗位工作做到极致，实现自己最大的价值，那同样也是一种创业。

对于女性创业者，她建议，一定不能太急躁，不能急于求成。“创业过程中的失败，是经验的积累”。她的观点是，最大的成功就是坚持。

“创业者一定要有责任和担当，不能仅仅为了赚钱而去创业。”董明珠强调，这一点很重要，否则创业起点就错了，创业之路自然也难以走远。

对于当代女性自身定位，董明珠有其独到的思考：“我觉得很惋惜，现在很多女孩子毕业以后，有才有貌，找一个富翁，傍了个大款，好像就完成了自己的一生。女性最大的成功是要把我们的智慧释放出来，帮助别人，改变别人，甚至成就一批人，为这个社会做出贡献，这才应该是当下的时尚女性。”

大爱无疆，永远不忘社会责任感

一个企业家的高度,来自其社会责任感的强度。商场上有一句名言叫作“小胜凭智，大胜靠德”，意思是说小的成功主要依靠智慧，而将事业做大做成则需要依靠高尚的德行。其实这是一条放之各行各业而皆准的道理，它直白地昭示出事业成功所不可缺少的对公平、正义、慈善等正面价值的推崇。这不只是因为企业做大以后会受到更多的关注，需要做一些类似的公关工作，更深层次的原因还在于，它是企业人格化的精神理念和社会信誉的保证。

董明珠非常重视企业和企业家的社会责任感。“企业家要有社会责任感。”这是董明珠常说的一句话。“国不富则民不强,作为一个有社会责任感的企业家,回报社会是我们义不容辞的责任和义务。”作为全球最大空调制造企业的掌舵者，董明珠认为，生产优质的产品满足社会需要是回报社会的一种形式，而慈善和社会公益则是企业回馈社会的另一种形式。

董明珠向来重视企业社会责任意识的培养和树立，并着力将其内化为格力的企业文化，自上而下、自始至终地传承下来。在董明珠的带领下，格力人深信企业的壮大绝不能仅靠行业内的技术领先和管理经验上的先进高效，企业文化更是企业发展的软实力，而在企业文化中，社会责任感更是重中之重。高度的社会责任感能激发高尚的企业人格，同时在潜移默化中使企业在行业良性轨道上走稳、走远。

格力电器一直以来都把社会责任感作为企业立足的核心理念之一，从管理层到普通员工，每个人都融入饱含社会责任感的企业文化中，这也解释了格力在多次社会募捐活动中的一贯表现：从1998年的抗洪前线到2003年的“非典”战役；从2008年的抗击南方特大雪灾，到汶川地震灾后重建，再到西南五省干旱和青海玉树地震；从国防建设，到教育事业……处处都活跃着格力电器的身影。

作为格力的领头人，董明珠个人在履行社会责任方面也堪称楷模。

在山东大学、北京师范大学珠海校区、海南师范大学等大学，每年都有品学兼优的学生可以得到董明珠捐赠的奖学金。

2006年8月，董明珠在翻看《南方日报》的“纪念红军长征胜利70周年——重走长征之路”的系列报道时得知，贵州黔南州都匀市平浪镇是革命老区，因为地处深山，加上经济落后，镇上的小学条件简陋，孩子们的学习环境十分艰苦。读完报道后，董明珠的心立马悬在孩子们身上，为孩子们在这么艰苦的环境下学习而深感痛心，也为他们不畏艰难、刻苦求学的精神而感动。于是，她毅然从自传《棋行天下》的稿酬中拿出30万元捐给平浪小学，其中10万元用于设立“董明珠”奖学金，20万元用于建设教学楼。

在听说孩子们已经在新落成的希望小学里安心读书时，董明珠深感欣慰。然而，爱心奉献并没有因此停止，在随后的两年里，董明珠又先后委托格力电器员工为平浪小学送去电脑、课桌椅和学习用品。在董明珠的资助下，6个孩子和他们的校长带着全校师生的无限谢意，第一次坐上飞机来到繁华都市广州进行为期四天的旅游，把一幅满载着感恩的画交给了亲爱的董阿姨。

同样的情景，在安徽继续上演。位于革命老区安徽潜山县东南边陲青楼乡的青楼中心小学已有30年历史，但教学条件十分落后，大部分教师、全体学生都处于走教、走读状态，最边缘地区的学生家距学校近5公里。得知这一情况，董明珠立即拿出其新著《行棋无悔》稿酬30万元重新兴建一所希望小学，支持革命老区的教育事业。

2008 年，四川汶川大地震牵动着全球华人的心，董明珠在第一时间捐献 120 万元稿酬，指定用于四川灾区的教育设施重建。

迄今为止，董明珠以个人名义援建了近 10 多所希望学校，为多所残疾儿童学校改善了教学设施。同时，在她的带领下，格力人通过各种方式，资助了数百名贫困失学孩子返回校园，重新捧起了书本。接受过资助的孩子们“感谢董阿姨”的信件如雪片般从四面八方飞来，而董明珠只是怀揣“希望每一个孩子都能上学”这样一个朴素的梦想，继续努力。

在珠海格力电器总部大堂，摆放着董明珠的著作《棋行天下》《行棋无悔》的书籍和募捐箱，供前来参观的各界人士取阅，同时希望大家自发在募捐箱里留下爱的痕迹，所有爱心款全部用于资助贫困地区的学子。董明珠以这样一种方式来倡导社会各界对失学孩子给予帮助，鼓励孩子们在逆境中鼓起勇气，追求美好的人生。

作为企业家，董明珠在商界叱咤风云；作为慈善家，董明珠却一直在默默奉献。多年来，在董明珠的带动下，格力电器通过各种形式共向社会各界捐款捐物超过 1 亿元，彰显出一家优秀民族企业高度的社会责任感。董明珠说：“是企业家的社会责任感让我无法停止爱心的脚步，我只希望能以个人微薄的力量唤起社会对弱势群体的关注，让更多人加入慈善的行列。”

儿子是她休憩的心灵港湾

董明珠在中国空调市场叱咤多年，是著名的营销女皇，声名显赫，其强势与霸道人所共知。然而，再强势的人都有她脆弱、敏感的一面，尤其是她还身为一个女人，身为一个儿子的母亲。

如何兼顾事业与家庭，向来是个大难题。从传统文化的角度来讲，女人最大的成就应该是相夫教子。即使在现代社会，在大多数人看来，完美的女人也应该是杰出的事业、称职的母亲和勤劳的主妇这三者的结合，可事实上，要实现这种结合却是难上加难。

多年来，董明珠总免不了被问及如何兼顾事业与家庭。“一定要有所抉择，若兼顾不了就只能选择一项”。显然，董明珠选择的是事业，也因此遗憾地放弃了自己的一部分生活和亲情，所以她不愿和别人谈自己的家庭，除了她的儿子。董明珠曾袒露心绪，有时她觉得，只有远离格力时，她才是一个女人、一个母亲。

董明珠认为，她对得起公司、对得起客户、对得起自己，唯独对不起家人，尤其是儿子。“有时，我真想放弃所有的一切，好好地陪儿子。我甚至想，要是我是一个普通的家庭妇女就好了，也许那样，儿子会更幸福……”谈到与儿子的亲情，董明珠坦言：“儿子小时候我一直没有好好地照顾他，记得有一次准备出门，看到儿子埋头在床上哭，而且他总是在问妈妈什么时候回来。儿子的这些表现确实对我触动很大，我知道他心里很想有个依靠。”“如果在事业与儿子之间只能选择一个的话，我会选择儿子。我经营企业超过 17 年，创立了许多自己的模式，觉得很自豪，已经没有遗憾了。现在我最希望培养出一个优秀的年轻人，所以儿子对我最为重要。”

1982 年，董明珠的儿子东东出生。董明珠南下时，东东才 8 岁，刚读小学二年级，由他的奶奶照看。董明珠忙于工作，只有在出差时，才能有时间回家看看儿子。每次一回到家里，儿子总是不说话，只是像小猫一样紧紧黏着她。奶奶让他早点去睡觉，他就拼命摇头，说自己不困。但他很听妈妈的话，只要董明珠说：“快去睡吧，妈妈一会儿去陪你。”他就“刷”地一下子蹿到床上去。

有一次，董明珠出门后，发现有东西落在家里，就赶紧返回去拿。经过儿子房间，她想把被子打开再看儿子一眼，结果当她掀开被子时，却发现儿子蒙在被子里哭得满脸鼻涕和眼泪。董明珠的心一下子揪紧了，那一刻，她意识到自己作为一个母亲，给予儿子的太少了。东东看到母亲又回来了，赶紧把眼泪擦干，还装着笑说：“妈妈你快走吧，我没事的，我没事的。”

面对此情此景，这个被对手以“霸道”来形容的女人，此时再也不是那个叱咤江湖的铁娘子，紧紧抱住儿子，痛哭不止，完全是一个充满深厚母性的母亲。

虽然亲情缺失，但董明珠的儿子却继承了母亲的优秀基因，他坚强而自立，一直努力学习，给了董明珠很大的支持。他还开玩笑地向董明珠提出抗议，说报纸上不能老表扬妈妈，也要表扬自己，没有自己这么懂事，妈妈怎么能安心工作。

1995 年，董明珠抱病去武汉拜访经销商，高烧 39.5℃，被送进医院，整整住院 50 天。连续做了两次 CT，她心里开始有点发慌，认为自己的病一定很严重。想到自己走了以后儿子将无父无母，她忍不住失声痛哭。后来在南京住校的儿子前来探望说：“妈妈，你安心养病，我会听话的，你不用操心。”儿子的懂事让她心碎，忍不住泪流满面。

儿子 12 岁那年，第一次单独出远门，乘飞机从广州回南京。临行前，他问妈妈："乘飞机那天你能不能送我？"此时的董明珠，已经是业界赫赫有名的女强人，年薪过百万，有着足够的经济实力和条件答应儿子的要求。但是，面对儿子可怜兮兮的眼神，她依然选择了拒绝，理由是她没有时间。当儿子又请求让她的同事送他时，又被她拒绝了。每次想起此事，董明珠都伤感不已。她这样做，并不是真不想送儿子，也不是忙得没那么点时间，而是担心自己如果送了一次，就可能会让儿子产生依赖心。

到了目的地后，儿子下飞机后简直就是从机场冲出来的，负责接儿子的朋友打电话给董明珠说了儿子的害怕与慌张。这让董明珠立马哽咽起来："我一下就明白了孩子那时内心的紧张和缺乏安全感，心里难受得不得了。"

一个只有 12 岁的孩子，在孤单的旅途中会想些什么，他的心里应该不仅仅有对孤单行程的恐惧，还有对亲情的深切盼望。

如今，董明珠的儿子已经长大，读大学、考研、参加工作，和大部分同龄人过着差不多的日子，有自己的价值观和看法。虽然母子二人之间很少见面，但会通过电话联系。儿子的电话不多，董明珠起初有些难受，后来就慢慢理解了，也给了儿子最大的发展空间。

一次，上海东方卫视《波士堂》栏目做董明珠访谈，节目制作人事前打电话给董明珠的儿子，希望他也能到现场。但是，董明珠的儿子以工作为由，推掉了这次邀请。但是，他随即给董明珠打了个电话。董明珠接到电话，感到很突然,因为儿子很少主动给她电话的。儿子在电话里问她："需不需要我去现场？不去可以吗？"董明珠告诉儿子："如果你愿意，谢谢你！如果你不想就不用。"儿子说他不想去，他不想因为董明珠的这个平台，而让自己不能像普通人一样在社会上竞争。他甚至说以后选择工作，绝对要找那种找不到认识他的人的地方，他希望在这个过程中找到自己。

听了儿子的想法，董明珠深感欣慰。儿子要避免受她的光环的影响，去寻找自己的生活，这正是她所希望的。虽然，她心底也希望能够借此机会和儿子见上一面，但她仍然尊重了儿子的选择。

强势的董明珠很少流泪，她每次流泪基本上都是被儿子感动的。

2007 年 1 月，董明珠荣获央视“2006 年 CCTV 中国经济年度人物”，获奖的一刻，她收到儿子的祝贺短信，忍不住再次流下了感动之泪。

在与儿子的合影上，董明珠的眼神不再锐利，而是幸福和满足。作为一个母亲的时候，董明珠跟任何一个普通的母亲没有区别。

对于孩子的教育问题，董明珠有着自己独特的观点，或许可以给那些事业型女人以最好的启示。董明珠认为，即使是独生子女，“溺爱”也不是一个好的教育方法，最好的教育，应该是给孩子一个发展的空间，让他自己去判断事物的好坏。

在事业型女性中，董明珠在培养孩子方面有着非常可取的一面。正因如此，当被问到“最伟大的成就是什么”时，董明珠非常自信地说：“两方面：没有溺爱儿子，让他能够懂事地成长；我这十几年，使格力成为中国的世界名牌，并将在不久的将来成为世界名牌。这两方面就是我最大的成就。”

附　录

董明珠语录

没有亏损的行业，只有亏损的企业。

一个没有创新的企业是没有灵魂的企业！

不能单纯地以营销谈营销，为销售而销售。一个企业，一种品牌，他们的内在联系到底是什么，还有思维方式、经营理念、价值取向都是整体构成这个企业最终市场的依据。所以说，我们的营销工作，有时会忽视一些眼前的利益，因为我们注重的是长远利益。

世界上最难的就是认真。认真是做成一件事的基础。

带着欺骗的心态去做一个企业，这样随着时间的推移，就会逐步被消费者所淘汰，被市场所淘汰。

质量是诚信的根本。我们要在保证质量的基础上，化解价格问题。格力电器要在材料供应、生产、管理、技术和销售、服务的每一个环节上促成良性的诚信循环，这样才能使市场和消费者对格力有信心，使“百年企业”的梦想不会落空。

任何一件事，只要用心去做，扎扎实实去做，想方设法要把它做好，我认为就一定会把它做好。

当你站在山顶的时候，你的头上还有星空。

今天的成绩已成为过去，当你满足的时候，就是失败的开始。

顺手就可以拿到的东西，不叫目标，一定要跳起来才能达到的东西才是目标。

消费者的每一件小事都是我们的大事。

工作就是工作，生活就是生活，工作中没有柔情，就像打仗一样，在战场上能用柔情来解决问题吗？必须用严格的制度和纪律来完成。

我从来就没有失误过，我从不认错，我永远是对的！

眼前不赚钱的，并不代表永远没有钱赚。没有淡季的市场，只有淡季的思想。

从“中国制造”到“中国创造”最终要体现在技术突破上，如果没有技术突破，还是像过去一样依赖于别人的技术，或者是模仿，甚至简单地买一些核心部件回来自己组装，就不能实现“创造”的真正意义。一个企业要生存必须要有研发，否则就会在竞争中被淘汰出局。

只有敢抓自己错误的人，才能成为伟大的人；只有敢于揭自己伤疤的企业，才有可能成为伟大的企业。

不能坚持原则的人，一定是有私心的。我没有一点私心，所以我能坚持原则。

2017 年中国企业领袖年会上的演讲：相信未来

今天讨论“相信未来”，未来是什么？

首先，如果我们今天不脚踏实地地干，我们能有未来吗？我认为没有。如果我们相信未来，那我们一定要注重今天。把今天干好，那就有未来，这是我对未来的理解。

其次，今天我到现场的时候，很多好朋友都想跟我一块儿合影，我也想，但是我又有点生气，拿出的手机都不是格力的，格力商城能买到格力手机，大家能不能体验一下？大家都说董姐好，你支持我一下，体验完了你会发现，不仅董姐好，董姐的手机更好。

我们今天的主题——怎样激活企业家的精神。

企业家的精神是什么？是别人不想做、别人放弃的，你要去做。好干的事给别人干，难干的事自己干，这就是企业家精神。

讲到这里，我想跟大家分享一件事。宋总（指中国建材集团董事长宋志平）刚才讲格力做得很好，到底好在哪里？说老实话，我往这儿一站，你们想到的关键词是空调。你们把手机、IH 电饭煲忘了，那说明我做得还不够好。

今天，中国很多企业都在走向世界，当我们为自己的品牌而自豪的时候，当我们拿出自己的产品感觉到骄傲的时候，大家有没有发现缺了什么？

有很多企业，在你参观的时候，他们会告诉你，我们企业用的设备全是进口的，很多人才是从外国引进的，我这家企业很优秀。

但我认为你差的就是这两点。

因为如果没有外国的设备我们就造不出好产品，没有从外国引进人才就造不出好产品，这是悲哀的。

所以，在新的时代，我们要重新定位自己。未来是什么？我们要成为一个创造者，只有创造者才有未来。只有创造者才能实现社会的价值，因为你的创造改变了别人，给别人的生活带来品质和享受，这就是我们企业家的未来。

讲到这里，格力到底是干什么的？除了空调、手机、电饭煲，还有什么可以拿出来的？很多。

通过自己的技术开发，我们已经有了更现代化的（产品）。按照宋总讲的，企业家的责任是什么？对于一个企业家来说，并不是破坏了环境，污染了空气，有了自己的市场，赚到钱了就可以了。

这是在以别人的生命和健康为代价，是不可取的。

既然要保护环境，让人类更加健康和美好，我们应该能够创造技术。我认为这就是企业家精神。

所以，在这里我想一边放一个片子，一边和大家分享格力今天到底在干什么。从这个片子中可以看到，这五年里，在供给侧结构性改革中，格力给我们带来的一个最好的成果。（现场播放 VCR）

大家看完这个短片就知道了格力现在在干什么，当初我们要进行自动化改造的时候，我们也想过用中国的设备，但是由于格力对精度要求特别高，而当时国内的设备满足不了我们。

所以，在当时我们唯一的办法就是进口，基本上清一色选择的德国设备。

中国提出《中国制造 2025》时，我们看到，我们在做终端消费品，能够支撑它的却只有进口设备，这时，我们感觉到了责任所在，我们应该以最高的战略眼光来看中国制造。

所以，格力在2013年正式进军智能装备领域，我们在这五年的时间里，创造了很多前所未有的创新，我们踏入了一片空白的技术领域。

今天我们的数控机床、工业集成、机器人已经不仅是为格力服务，还进入了很多其他行业，比如食品行业、卫生行业、医疗行业、工业，还有大家看到的——我们的汽车行业。

在银隆工厂里，清一色是格力的装备。我投资了银隆，投资的目的就是希望能为格力带来新的空间，为我们的智能装备建造一个天堂。今天这个愿望可以说实现了，现在我们的机器人已经在出口。

说实在话，我经常在想，我们走向了世界，世界走向了中国，但很多时候，我们依然要依赖别人的高端技术。所以，格力的梦想就是有一天让我们的技术服务全世界。

昨天在南京和大家分享了我所经历的，我们曾经很苦恼，在家电行业，格力电器是他们挖人最重要的地方，不仅挖我的人，还来偷技术。所以，我们很苦恼，没事就要打官司。

现在回头看，这十多年来，他们挖走那么多人，结果技术没有超过我。这就说明企业的基因很重要，企业要有创新基因，要有培养人才的动力和条件。挖走的人只能带走我过去的技术，带不走我们的未来。所以，我可以自豪地说，格力在空调领域不仅是中国第一，还是世界第一。

昨天在南京开会的时候，组委会跟我讲，董总你不要做广告，我说一定要做，世界最好的空调在中国，在格力，为什么不做，不仅中国要用世界也要用，所以一定要宣传，一定要说。

我们很自豪地说，我们的光伏小屋是世界上独一的技术、唯一的产品，所以受到世界的欢迎。

宋总讲在非洲看到我的广告牌，那是小菜一碟。中东地区40%以上都是格力空调，特别是光伏小屋，非常受欢迎，因为他们那里能源缺乏，我们解决了他们的能源问题，一个小屋只要有光伏，就可以让人们享受到最好的温度，不需要花一分钱。

这个技术给我们带来变革，给我们带来市场，带来社会对我们的尊重。可见，创新是多么的重要。

如何创新？格力走到今天，想得更多的是怎样搭建培养人才的平台。

我希望格力培养的人才不仅为自己服务，我希望他们还能够走向世界。就像今天有的企业希望引进一个外国人才这样，当某一天，我们格力的人才真正走向世界，中国制造才是最强大的，自然而然会受世界尊重，中国制造将真正地服务世界。

所以，我觉得一家企业在发展的过程中，一定要重视人才的培养。人才是第一的，没有人才一切归零。技术是天生的吗？技术要靠人才。人才哪里来？这就是企业家当前应该思考的问题，这是一种社会责任，能挖来人才并不能证明你有本事，能培养一批人才那才是真正的本事。

格力现在有1万人的技术开发队伍、10个研究院、70多个研究所，国家的重点实验室交给了我们，我们还做了很多前瞻性的科研、技术性的研究，这些都一直在进行中，虽然当下我们可能用不到，但是我们看重的是未来。

还有一点可以纳入企业家精神里来，那就是：企业家更要有胸怀，而不仅仅关心挣钱。

格力今年的营业额增长了400亿元，但是我们的净利率达到15%，税收一年超过了200亿元。

这又要引出一个话题，政府天天在给我们松绑，给企业支持，减税、免税，有人说最好政府一分钱税收都不收，但是这有用吗？

该倒的企业还是倒，因为你没有创造力。我们企业有能力缴200亿元的税，没有觉得很困难，我们活得很潇洒，因为我们有领先的技术。企业要的是市场，不是减免税收。

如何赢得市场？要创新，要做别人没有的技术，要给别人带来生活的改善，带来产品品质的提高。

有人说企业发展遇到了互联网时代、物联网时代、大数据时代，但我说，没有实体经济，大数据有用吗？

所以我们的实体经济还是要发展，实体企业的责任是重大的。在企业发展的过程中，我们注重人才培养，坚守自己，坚守实体。

我们的 1 万多名技术开发人员全部来自中国的高校，有大专生、本科生、研究生、博士生，但不论是谁，到了格力，我会给你创造一个自己再造、再学习的机会，只要你有想法，我就让你实现。

所以，格力也是一个很好的创业的地方。

我想和大家分享一点，相信很多企业家都是有梦想的，也是愿意去挑战的，但是单枪匹马地去斗、去闯荡，不如联合起来，这就是互联网时代的机遇。

格力在这 5 年来的营业收入是过去 21 年的 1.9 倍，创造了过去 21 年所创造的 4 倍的利润，同时给国家的税收也是 3 点几的比例，我很自豪。

如果照我们过去技术落后，我们的产品得不到社会的认可，谈何利润，谈何税收？

供给侧结构性改革给大家重新指定了方向，一定要从基础做起，一定要有能力创造技术。比如我们的电饭煲，做出的米饭香喷喷，我们做出的米饭比别人好，消费者难道不喜欢吗？

前几天有人在微信群里讲自己用格力的电饭煲做煲仔饭的经历，说自己以前不想在家里做饭，都是在外面吃，因为有了格力电饭煲，每天都想回家做饭。

多美！听了这样的评价你不自豪吗？所以企业家精神还有一点，就是为自己的品牌骄傲，为自己的品牌呼喊，为自己的品牌去创造，这就是企业家要做的事情。

最后很关键一点，你们要记住，除了用格力空调，还要用我的电饭煲煮饭，出门打上我的手机，坐上银隆的汽车，这就是格力的未来。谢谢大家！

2018 年正和岛新年论坛暨新年家宴上的演讲：没有过不去的风险，诚信最重要

今天这么多的企业家聚集在珠海，应该是有史以来的第一次。身为珠海人，我特别高兴，也特别欢迎大家。而且今天是 2018 年元年，这个时间点也特别有意义。

我和在座的很多企业家一样，都来自制造业。长期以来，我们制造业是落后于世界的，甚至是低端的。所以，对我们来说，转型非常重要。

一家企业没有创新意义，即使不让缴税，企业也未必能发展得好。所以企业需要的是公平的环境，只有公平的环境才能产生有追求、有梦想、有创新的企业。创新才有竞争力，这也是最好的保护。

格力 2017 年给国家的税收近 200 亿元，利润也在 200 亿元左右。回顾格力整个发展史，过去 21 年，我们累计纳税才 100 多亿元，但那时候活得并不开心。今天格力一年缴 200 亿元反而活得更加开心。为什么？因为格力打造了世界级最好的产品，从而有了更大的市场，有了社会的认可。只有产品能够满足用户需求，能够改变别人的生活，企业才会有竞争力；而不是因为减少税收，企业才能有竞争力。过去我最怕的是税负不公平，一家企业缴了，另一家企业没缴，这就是不公平。

把税收的制度建设和监督到位，这才是我们今天最需要的，而不是单一的减免税收。假若一家企业没有自己的技术，没有自己的人才，也没有自己的管

理，即使一分钱税都不收，关门也是必然。

今天企业家们在这儿相聚，我们更多讨论的是未来的创新。2018年是未来五年的开局，也是40年一次成果展示的机会。中国制造要想走向世界，一定要坚守三点。

第一，坚守自己的人才培养机制。很多会议一讨论就说人不是最重要的话题，但是我认为，人才是最重要的话题。

格力门口天天有人等着挖人，这种情况，企业该怎么办？去政府门口喊冤吗？不。也有很多人建议加工资，但是格力今天已经有了上万名技术开发队伍，每人都加，企业能支付得起吗？即使能加工资，何时是头？没有。那怎么办？一定要有自己的培养人才的机制。天下之大，一定要找有共识、有梦想、有共同价值观的人来共同发展，这是企业要思考的。

有一年是格力被挖人的最高纪录，不仅本土企业，外资企业也到格力挖人。当时以为格力会被边缘化，技术也会落后。但是事后证明，我们反而做得更好了。

到今天，格力已经成为世界第一。从这个意义上讲，挖人本身对企业来说可能反而是一个促进。

对于一些金钱至上的员工，老板们不要怕被挖走，这样的员工留着意义也不大。企业一定要培养有爱国情怀、有梦想、有价值的年轻人。当然，他们创造了价值，企业也不能让人家喝稀饭、住茅屋。怎么留住人才呢？不是给高薪，而是给平台，只要员工有想法，就帮他去实现。这样才能吸引真正的人才。

第二，保持先进的技术。

格力今天的地位都来源于新技术的突破。李书福刚才说，他创造了一台别人没有的车，你不买他的，买谁的？格力的空调创造了世界上无数别人没有的技术，你不买格力的，买谁的？

有一个数字和外国品牌相比，格力空调能够节约37%的能源。这就是技术带来的未来。技术来自哪里？团队研发人员。

当有一天企业开始引领世界，还怕什么挖人，想走的员工赶快走。

过去，到了夏天，车间工人都会汗流浃背。做空调的为什么自己不用呢？因为电费太贵。过去如果要保证员工舒适的环境，企业付出的代价是几千万元的成本。现在完全没有了。沙特王子用的空调也是格力的。这就是先进技术带来的。

第三，创新是管理层面的。

制造行业，工人数量占比很高，他们是不是人才呢？

假如一个工人把一个螺钉打歪了就不合格。工人也是人才，在不同的领域里面都有标码，这样企业才能蒸蒸日上。我希望让格力的 8 万名员工每人都有两房一厅的房子，这样的创新不是简单的技术创新，而是在打造一种创新的文化。只有这样，企业才是战无不胜的。因为这样，格力今年做到了 1500 亿元，净利润达到了 15%，这在制造业领域绝对是非常罕见的。

如果企业管理还落后于别人，业绩再好也不能称为是先进的企业。虽然格力近些年获得了很多科技进步奖，但这不是让我最自豪的。我真正骄傲的是格力的管理工程体系获得科技进步奖，这是看不见摸不着但又非常完美的产业链。每个员工都知道自己该干什么。

每一位企业家都应该在管理上多做文章，格力在过去的两年创造了很多的管理模式。比如，零缺陷、零成本。这意味着格力生产出来的产品是没有缺陷的，也是没有多余损耗的。格力在几百亿元市值时，一个螺钉的损耗差不多就有 7000 多万元。等我们的管理模式成功后，产量比过去多了一倍，损耗只有 200 元钱。

前几天，央视一套有一个新闻，采访了一个回国的留学生，他有一句话我很感动。他说：过去祖国需要我，今天我们需要祖国。

一个人再想成功，没有祖国做后台，无非就是一个别人的打工者。祖国的伟大是我们每一个人所渴望和期盼的。中国一定能成为世界的强国，但需要在座的每一位同心协力去发展。如果有一天，国际企业的核心零部件到中国来采购，那就是真正的中国制造成功的那一天。

我的时间已经超时了。说实在话，现在很多企业家身家多少亿，但我并没有想拥有太多的财富，我希望带着格力人为这个社会作出一点贡献。

前几天我在英国出差，马路上遇到一个人。他说我很感谢你，因为我买格力的股票赚钱了。格力股市的资金没有超过 50 亿元，在最初的 21 年，格力给股民分红 53 亿元，但在最近五年，格力分红接近 400 亿元。如果你搞金融投资就要投格力这样的企业，因为格力只对投资者负责，不对投机者负责。企业家本身就得带着一种社会责任。当一个企业家不容易，你面对社会、面对员工、面对国家时，你都不能忘记了责任二字。

最后想对在座的企业家们说，未来无论遇到什么样的风险，没有过不去的，但是诚信最重要。今天我们这里聚集了一大帮有梦想、有追求的人。因为我们的存在，这个世界更美了，这就是我们要追求的。

最后祝愿祖国繁荣富强，在座的每一位能够在这个过程添砖加瓦。大家记住，空调用格力的，汽车开李书福的，打着格力的手机，你们会幸福一生。谢谢大家！